社会人が身に付けたい

ビジネスルールと仕事の基礎の基礎

株式会社ジェイック［著］

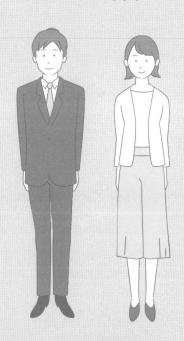

労務行政

はしがき

　『社会人が身に付けたい　ビジネスルールと仕事の基礎の基礎』をご覧いただき、誠にありがとうございます。

　本書では、20年以上にわたり企業向け教育研修を実施してきた株式会社ジェイックが、現代社会で求められるビジネスルールと仕事の基礎を書籍という形でまとめました。

　長年の経験から得た知識と洞察を踏まえて、いまのビジネスパーソンが理解し、身に付けておくべきビジネスの基本を解説しています。

　新入社員が必ず身に付けたいビジネスマナーや報告・連絡・相談、仕事の基礎から、いまの時代に合わせたSNSやビジネスチャットの使い方、情報セキュリティやキャリアに関する基本まで網羅しており、以下のような方に役立つ内容となっています。

・入社後のスタートダッシュを切りたい学生や就活生の方
・入社したばかりの新入社員の方
・コロナ禍を経て対面でのビジネスマナーに慣れていない入社1～3年目の若手社員
・普段はリモートワークで働いていて、対面でのビジネスマナーを確認したい方

　また、新人教育の社内講師を務める人事の方や、新人を指導する上司・OJT指導者にとっても日常の指導に活用いただけるかと思います。

　原則として各テーマ見開きで構成し、文章だけでは分かりにくい部分はイラストや図解を盛り込むことで、読みやすい体裁になっています。最初から順番に読んでいただいても結構ですし、「ちょっと確認したい」という時に該当するテーマをパッと開いて目を通していただくような使い方もお勧めです。

　本書が、ビジネスパーソンとして順調な一歩を踏み出すことに役立てば幸いです。

2023年9月

株式会社ジェイック

Contents

第 5 章　（オンライン）会議・チャットツール・SNS

第 6 章　来客対応

第 7 章　顧客等への訪問

第 **1** 章

ビジネスマナー

第一印象の重要性

- ✅ 第一印象を与えられるチャンスは一度のみ
- ✅ 第一印象は３秒・30秒・３分で決まる
- ✅ 第一印象が会話の方向性や関係性を左右する

1 第一印象が勝負

　第一印象を与えられるチャンスは一度だけです。また、第一印象は、その場限りのものではなく、会話の方向性を決め、後々のビジネス全体にも影響を及ぼします。例えば、自分が人に接するとき、「良さそうな人だな！」と感じれば、こちらも心を開いていきますが、「なんだか信頼できなそうだな…」と思えば心を閉ざして、会話も最小限に済ませてしまいます。そんなことはないでしょうか。ビジネスの場でも同じです。一度悪い印象を与えてしまうと、挽回するには時間と労力がかかります。だからこそ、自分自身の第一印象を磨くことは、ビジネスで効率的に成功することにつながります。

　あなたの第一印象を判断するのはすべて「他人」です。「他人から見た自分」を常に意識しましょう。例えば、あなたはどんな表情の人と一緒に働きたいでしょうか。暗い表情の人よりは、明るい表情の人と働きたいのではないでしょうか。誰しもが磨ける一番の武器は"笑顔"です。笑顔に自信がない人は、毎日鏡を見て笑顔の練習をしましょう。

2 第一印象は3秒・30秒・3分で決まる

　第一印象は、３秒で見た目、30秒であいさつ、３分で会話が評価されます。つまり、与える第一印象は３分以内に決まってしまいます。しかも、第一印象は後々まで絶大な影響力を持ち、それを拭い去るのはなかなか難しいのです（心理学者のソロモン・アッシュの初頭効果）。

　第一印象の中身という点では、メラビアンの法則も有名です。心理学者アルバート・メラビアンが提唱したもので、「言葉の中身」「声の調子（抑揚・大きさ）」「見た目（表情・服装・姿勢）」のうち、どの情報が優先されるかを示しており、優先されるのは①見た目（視覚）、②声（聴覚）、③言葉（言語）の順番です。例えば、あなたが上司や先輩に「今日からよろしくお願いします。頑張ります」とあいさつしたとします。そのあいさつがぼそぼそとした小さな声で、無表情であれば、相手が受ける印象は"頑張ります"という言葉より、見た目や声が優先されて"やる気がなさそうだな"という印象になります。姿勢や表情、声などにもしっかりと気を配って、好ましい第一印象をつくっていきましょう。繰り返しになりますが、第一印象は、その場限りのものではなく、会話の方向性、その後の関係性を左右します。良い第一印象をつくれなければ、あなたの「中身」を知ってもらうことも難しくなります。「第一印象を良くする」ことが、あなたをビジネスの成功へと導きます。

見た目（視覚）

声（聴覚）

言葉（言語）

身だしなみ

- ✓ 「身だしなみ」と「おしゃれ」は違う
- ✓ あなたの身だしなみが会社のイメージを左右する
- ✓ 信頼と好感を与える身だしなみを意識する

1 相手を不快にさせない「身だしなみ」

　あなたを判断するのは「他人」です。そのため、「身だしなみ」は自分の基準ではなく、他人の基準に合わせなくてはなりません。人は最初の３分で第一印象が決まります。そして、「身だしなみ」は第一印象を決める要素の一つです。組織の一員として人に会う時、「あなたの印象」が「会社の印象」になります。「身だしなみは人のため、おしゃれは自分のため」ということを認識した上で、相手を不快にさせない身だしなみをするように、一つひとつ確認していきましょう。

2 「身だしなみ」チェックリスト

　最近、身だしなみの基準は業界や会社によって異なっています。下記は基本となる「型」です。基本を押さえた上で、会社や業界の基準に合わせてアレンジしてください。また、判断に迷う場合は、上司に聞いてみましょう。

■男性

項目	内　容
髪・頭	髪はきちんとカットし、前髪が目にかからない
	極端なカラーリング、ブリーチはしていない
	清潔に保っている（フケ・臭いなどはない）
	ヒゲのそり残しがない、鼻毛が見えていない

ワイシャツ	全体にシワがない、襟や袖口に汚れがない
	ビジネスシーンに合った色、柄を選んでいる
ネクタイ	曲がっていたり、結び目が緩んだりしていない
上着	肩にフケが付いていない
	座っているときはボタンを外す。立っているときはボタンを留める
	ポケットに入れるのはハンカチ程度にとどめる
ズボン	プレスをしている（折り目の線が入っている）
	傷みがなく、ビジネスシーンに適したベルトをしている
靴	色や柄、形が派手でなく、ビジネスシーンに適している
	きちんと磨いて、手入れをしている
	スーツと靴下、靴の色を合わせている

■女性

項目	内容
髪・頭	お辞儀した際に髪をかき上げることはない
	前髪は目にかからないようにしている
	極端なブリーチ、きつい色のカラーはしていない
	ヘアアクセサリーは目立ち過ぎていない
化粧	清潔で健康的な感じを心掛けている
	化粧くずれはしていない
	口紅の色や香水は職務に適している
服	清潔感が意識され、汚れ、シミ・シワなどがない
	スカートの丈は長過ぎず短過ぎない
	透けるもの、露出度の高いものは着ていない
手	マニキュアは派手過ぎない
	爪は手入れをして、長過ぎない
靴	歩きやすい高さ（3〜5cm）である
	色や形などはビジネスシーンに適している
アクセサリー	仕事上邪魔になるものは着けていない

3

姿勢と動作

- 姿勢と動作は無言のメッセージ
- 相手の心をつかむ姿勢と動作を心掛ける
- 他人から「仕事に対する意欲と熱意の表れ」とも見られる

1 姿勢と動作は自己表現

　私たちは姿勢や動作で相手に多くの「無言のメッセージ」を送っています。仕事に対する意欲や熱意を感じさせる姿勢や動作は、他人から良い評価を勝ち取るための自己表現のノウハウともいえます。良い印象を与え、相手の心をつかむ姿勢と動作を身に付けましょう。

2 好印象を与える動作のポイント

　自社の社員や顧客と接する際には、以下のポイントを意識すると好印象を与えられるでしょう。
① 背筋を伸ばす
② 指先まで神経を行き届かせる
③ 物を渡すときは、相手が受け取りやすい向きで、両手で渡す
④ 一つひとつの動作を区切る
⑤ きびきびと動く
⑥ 少しゆったりとした動作を意識すると落ち着きや配慮を伝えられる
⑦ 動作には視線と心を添える（笑顔を忘れない）

3 オフィスで気を付けたい NG な姿勢・態度

　あなたの何気ない姿勢や態度が、評価や人間関係に悪影響を及ぼしていることもあります。オフィスで避けたい姿勢・態度を確認しておきましょう。

① 椅子に寄りかかる＝横柄、リラックス（休憩中のような印象）

② 足を組む＝横柄、怠慢、気取っている、リラックス

③ 頬づえをつく＝退屈、相手と対等、リラックス

④ 靴を脱いでいる＝だらしない、いい加減

⑤ 肘をつく＝上の空、リラックス

⑥ 腕を組む＝警戒、保身、距離を置きたい、不信感を持っている

⑦ 体の後ろで手を組む＝威圧、後ろめたさ

⑧ 相手と目を合わせない＝失礼、非友好的、隠し事がある

⑨ 呼ばれて返事をしない、すぐ行動しない＝敬意がない、やる気がない

⑩ 片手で物を渡す、物を投げる＝失礼、乱暴、粗雑

物を渡すときのポイントを
意識する

NG な姿勢・態度

4

あいさつ

- ✓ あいさつは人間関係の基本
- ✓ 相手に好感を持たれるあいさつをしよう
- ✓ あいさつの基本フレーズを自然に使えるようにしておこう

1 あいさつは人間性を表す

　あなたにとって大事な人に対して、意欲や自信、相手への尊重の念をあいさつで表現するとしたら、あなたはどのようなあいさつをしますか。あいさつという漢字には、「挨＝近づく」「拶＝相手にせまる」という意味があります。つまり、あいさつとは、あなたの心を相手に届けて、距離を縮める行為です。「あいさつができない」と、良好な人間関係をつくることが難しくなります。

　「あいさつがしっかりできる」というのは、社会人としての基本です。「あいさつもろくにできない人」と言われないように注意してください。相手に好感を持たれるあいさつを日頃からできるようになりましょう。それだけでも、職場や仕事の人間関係が良好になります。

2 あいさつのポイント

　あいさつには、以下のポイントがあります。

あ…明るく元気に、相手の顔を見て（相手の目を見るようにしましょう）

い…いつでも（どこでも、誰に会ってもあいさつできるようになりましょう。相手によってあいさつの態度を変えてはいけません）

さ…先に（"自分からあいさつする"ことが基本です）

つ…続けて（あいさつに続けて、相手と会話をするようにしましょう）

　あいさつの中でも、朝のあいさつは非常に重要です。自分が朝のあいさつをスムーズにできたかどうかで、また、相手が元気な声で「おはよ

うございます」と返してくれたかどうかで、仕事を始める気分が左右されます。気持ち良いあいさつをされて不快になる人はいません。自分から元気にあいさつしましょう。

3 あいさつの基本フレーズ

ビジネスでは、あいさつの基本フレーズがあります。あいさつのフレーズは決して長くないので、語尾まではっきり発音しましょう。「おはようございます」を「おはよう」とか「おはーっす」と端折ってはいけません。

フレーズの数自体は多くないので、確実に覚えて言葉が自然に口をついて出るようにしておきましょう。

あいさつの場面	基本フレーズ
自分が出社した時	おはようございます
自分が外出する時	行ってまいります
相手が外出する時	行ってらっしゃい（行ってらっしゃいませ）
自分が帰社した時	ただいま戻りました
相手が帰社した時	お帰りなさい（お疲れさまでした）
自分が退社する時	お先に失礼します
相手が退社する時	お疲れさまでした（「ご苦労さま」は、一般的に目上の人が目下の人に使う言葉です）
依頼する場合	恐れ入りますが／恐縮ですが（「すみません」はおわびの言葉なので依頼には使いません）
依頼を受けた時	かしこまりました
来客した人に	いらっしゃいませ
訪問先で	お世話になっております
感謝の意を表す	ありがとうございました（感謝の意で「すみません」という人も多いですが、「ありがとうございました」のほうが気持ち良いでしょう）
謝罪の意を表す	申し訳ありません／申し訳ございません

5

お辞儀

- ✅ 基本姿勢を押さえるだけでお辞儀は見違えるものになる
- ✅ お辞儀で心が伝わる
- ✅ お辞儀の角度を使い分ける

1 お辞儀のポイント

　あいさつとお辞儀はセットで行われることが多いです。あいさつは声、お辞儀は姿勢・動作で相手に印象を与えます。両方ともしっかりできていると、相手に好印象を与えることができます。お辞儀のポイントもしっかりと押さえておきましょう。基本的なポイントを押さえるだけで、お辞儀は見違えるようになります。以下のポイントを一つひとつ確認し、練習してみましょう。たくさんお辞儀をするうちに、無意識にできるようになってきます。

① 目線はまっすぐにし、両足をそろえ、背筋を伸ばし、胸を張って立つ
② いったん立ち止まって、あいさつをしてからお辞儀をする
③ 背中を丸めず、上半身は腰を中心にまっすぐ倒す
④ 下げたところで、上半身を一瞬止めると、丁寧な印象になる
⑤ 上半身をゆっくりと戻し、視線も相手の目に戻す
※手の位置は、男性は体の横側、女性は左手を上にして体の前で重ねます。

　なお、ポイントの中でも、特に②の「あいさつをしてからお辞儀をする」ことは忘れないようにしましょう。あいさつと同時にお辞儀をすると、あなたのあいさつ（声）は地面に向かっていってしまいます。相手を見てあいさつする、それから、相手に敬意を表してお辞儀する。これは分離礼と呼ばれるやり方で、きれいなお辞儀をするポイントです。

2 「会釈」「敬礼」「最敬礼」の使い分け

　お辞儀の角度によって、相手に与える印象が変わります。「会釈」「敬礼」「最敬礼」を意識的に使い分けていきましょう。いずれも、首だけを曲げず、背筋を伸ばしたまま腰から曲げるときれいに見えます（[　]内は腰の角度を表す）。

- 会釈［15度］：すれ違ったときのあいさつや入退室の際
- 敬礼［30度］：お客さまをお迎え、お見送りするときなど
- 最敬礼［45度］：謝罪や感謝・深い敬意を表現する際

基本の立ち姿

15度　　　30度　　　45度

会釈　　　敬礼　　　最敬礼

時に臨機応変な対応も必要

　あいさつは「笑顔で、元気よく」が基本ですが、シチュエーションや相手との関係次第で臨機応変に対応します。

　エレベーターで乗り合わせたとき、すいている場合は普通にあいさつをしますが、混んでいるときは会釈で済ませます。なお、エレベーターの中での会話はマナー違反。会話をしないのが礼儀です。

　一方で、エレベーター内が社内の人間のみ、特に普段はなかなか話せない相手と1対1の場合などであれば、エレベーター内の短い時間を利用してコミュニケーションを取ることも一つです。15〜30秒ぐらいの短時間で自分をアピールしたり考えを伝えたりする「エレベーターピッチ」と呼ばれるコミュニケーション技術です。

第 2 章

コミュニケーションと言葉遣い

信頼感と好感を持たれる話し方

- ✅ 話は「伝えた」ではなく、「伝わった」が大切
- ✅ 「正確性」「聞きやすい速さ」「温かさ」を大事にする
- ✅ 話し方の九つのポイントを意識する

1 相手目線で考える

コミュニケーションは、相手がいなければ成り立ちません。特に仕事のコミュニケーションで大切なことは、相手に「伝わる」ことです。あなたが「伝えた」つもりでも相手に伝わっていなければ、仕事のコミュニケーションとして"責任を果たした"とはいえません。

自分の伝えたいことを上手に、相手に受け入れてもらえるように伝えるためには、「正確性」「聞きやすい速さ」「温かさ」が大切です。相手が分かるよう正確に、相手が聞きやすい速さで、相手に話を聞いてもらえるよう、温かい気持ちで伝えることが理想です。相手に自分の考えが正しく伝わらなければ、勘違いが起こり、トラブルの元となります。

仕事でのコミュニケーションに過剰な丁寧さは必要ありませんが、基本的な敬語や言葉遣いを身に付け、「あの人はしっかりしていて、安心して仕事を任せられる」と周囲から認められるようになりましょう。

2 話し方の九つのポイント

① 明瞭な発音、発声で話す（母音ははっきり、語尾までしっかり発音）
② 適度な速度（1分間に300字程度）で、適切な間を意識する
③ 相手の目を見て話す
④ 専門用語・略語・カタカナ用語は相手と状況に合わせて使う
　○同意します
　×アグリーです

⑤ 否定的な表現より、肯定的な表現を意識する

　　○弊社では 5 種類の取り扱いがございます（営業先で）

　　✕弊社では 5 種類の取り扱いしかございません

⑥ 指示・命令形より依頼・疑問形を使う

　　○〜していただくことはできますか？

　　✕〜してください

⑦ 相手の意見に賛成できなくても、まずはいったん受け止めてから話す

　　○(いったん受け止めて) そうお考えなのですね

　　✕それは違うと思います！

⑧ クッション言葉を活用する（「恐縮ですが」「申し訳ありませんが」等）

　　○恐縮ですが、それは対応が難しいです

　　✕それは無理です！

⑨「やっぱり」「とにかく」などの副詞、「えー」「あのー」などの間投詞
　はなるべく使わない

3　仕事のコミュニケーションで好ましくない言葉とは？

　好ましくない言葉や表現を使うと、相手からの信頼を失うこともあり
ます。普段のコミュニケーションで次のような言葉を使っているようで
あれば、仕事の場面では使わないように直していきましょう。

① 語尾が不明瞭な言葉遣い→「たぶん○○だったと思うのですが…」

② 相手を否定する発言→「そんなこともできないなんて、○○さんがお
　かしいですよ」

③ 感情的な発言→「その仕事は嫌いなので、やりたくないです」

④ 疎外感を与える発言→「あなたには関係ありません！」

⑤ 威圧的な表現→「だから、さっきから言っているんだけどさ…」

相手が心を開く聴き方

- ✅ 「聞く」と「聴く」の違いを知る
- ✅ 相手の話を聴くことに集中する
- ✅ 好ましくない話の聴き方が癖になっていないかを確認する

1 聴き上手になろう

　一般的に「きく」という言葉は「聞く」と書きますが、コミュニケーションで大切なのは「聴く」ことです。「聞く」は、音や声などが自然に耳に入ってくる状態ですが、「聴く」は、相手の話や感情などを能動的に理解しようとする状態を指します。ビジネスで大切な「きく」とは、「聴く」を指します。「コミュニケーション上手は聴き上手」ともいわれます。「聴くこと」は「話すこと」と同じくらい重要なスキルなのです。

　聴き方を身に付けると、周囲や顧客から信頼され、仕事での成果につながります。

2 好ましい聴き方のポイント

① 相手とアイコンタクトをとる

② うなずきながら聴く

③ 相づちを打つ（「はい、はい」と繰り返す相づちは打たない）

④ 要所で相手の話を繰り返す（できるだけ相手が話した言葉を使う）

⑤ 話を要約して、相手に確認する

⑥ 相手と声のペースやトーンを合わせる

⑦ 話の途中でさえぎらず、最後まで聴く

⑧ メモを取りながら聴く

⑨ 相手の気持ちや見えている世界を想像しながら聴く

⑩ 相手の話や感情、意思などを深掘りするために質問する

3 好ましくない話の聴き方チェックリスト

　話の聴き方は "習慣" です。次のチェックリストと照らして、悪い癖がついていないかを確認しましょう。

聴き方チェックリスト

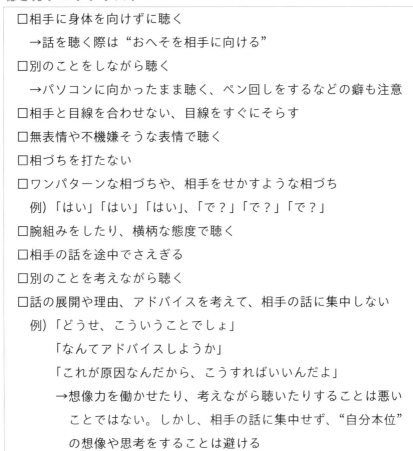

□相手に身体を向けずに聴く

　→話を聴く際は "おへそを相手に向ける"

□別のことをしながら聴く

　→パソコンに向かったまま聴く、ペン回しをするなどの癖も注意

□相手と目線を合わせない、目線をすぐにそらす

□無表情や不機嫌そうな表情で聴く

□相づちを打たない

□ワンパターンな相づちや、相手をせかすような相づち

　例)「はい」「はい」「はい」、「で？」「で？」「で？」

□腕組みをしたり、横柄な態度で聴く

□相手の話を途中でさえぎる

□別のことを考えながら聴く

□話の展開や理由、アドバイスを考えて、相手の話に集中しない

　例)「どうせ、こういうことでしょ」

　　　「なんてアドバイスしようか」

　　　「これが原因なんだから、こうすればいいんだよ」

　　　→想像力を働かせたり、考えながら聴いたりすることは悪い

　　　　ことではない。しかし、相手の話に集中せず、"自分本位"

　　　　の想像や思考をすることは避ける

8

ビジネスでよく使われる表現

- ✓ ビジネスシーン特有の表現を覚える
- ✓ 定番の表現は決まっているので、使い慣れるようにする
- ✓ メールで使う表現は辞書登録することがお勧め

1 ビジネスシーンの慣用表現

　ビジネスでは、学生時代には触れてこなかった表現を多く使うようになります。ビジネスコミュニケーションの表現に慣れ、自然に使いこなせるようになっていきましょう。

2 自称・他称の使い方

　自分・相手・会社を指す表現は最も頻繁に使用する、ビジネスにおいて基本的な表現です。会話でもメールのやりとりでも出てくるので、意識しなくても使いこなせるようになりましょう。

		呼び方	備考
自分側を言う場合	自分	わたくし	最も標準的
		わたし	少しくだけた言い方
		こちら	自分自身を指す言い方
	会社・団体	弊社	社外に使うへりくだった言い方
		当社 私ども（の会社）	社内外で使う
相手側を言う場合	相手	○○様	最も標準的
		○○社長　○○部長	役職が分かる場合
		どなた様・どちら様	電話などで相手が名乗らない場合
	会社・団体	御社・そちら様	基本的に話し言葉
		貴社	基本的に書き言葉

3 ビジネス慣用表現

ビジネスコミュニケーションでは「決まり文句」とも言える慣用表現が多数あります。非常に高い頻度で使うので、使用する場面とセットで覚えましょう。メールで使う表現は、文章全体を辞書登録して、すぐに入力できるようにしておくと、業務効率が上がります。

慣用表現	使用する場面
いつもお世話になっております	電話や対面時、メール冒頭の一般的なあいさつ用語
お電話が少々遠いようです	電話の声が聞き取りにくい場合の遠回しな表現
（あいにく）〇〇は席を外しております	社内にはいるが、離席している場合に使う
（失礼ですが）どのようなご用件でしょうか	相手の目的を確認するために使う
（恐れ入りますが）少々お待ちください（ませ）	相手を待たせる場合に使う

よく使われる言葉の言い換え（言い回し）

- 分かりました→かしこまりました／承知いたしました
- 分かりません→分かりかねます
- できません→いたしかねます
- 知りません→存じません
- ありません→ございません
- すみません→申し訳ございません
- 何か用ですか→どのようなご用件でしょうか
- 久しぶりです→ご無沙汰しております
- すみませんが→恐れ入りますが
- どなたですか→どちら様でしょうか
- いません→席を外しております
- 少し待ってください→少々お待ちいただけますか
- どうですか／どうでしょうか→いかがでしょうか

敬称（人の呼び方）

- ✅ 仕事上で人を呼ぶときは必ず敬称を付ける
- ✅ 社内と社外では呼び方が変わる
- ✅ 役職名は敬称扱い（「田中部長さん」とは言わない）

1 敬称にはルールがある

ビジネスシーンでは、人を呼ぶときは敬称を付けるのが原則です。人の呼び方も、社内と社外では呼び方を変える必要があります。内と外の区別をしっかりつけて、正しい呼び方を身に付けましょう。

【社内の人のみでコミュニケーションする場合の敬称】

「役職名（該当する人が1人だけの場合）。例：部長」「○○（名字）＋役職名。例：田中部長」や「○○さん。例：田中さん」。会社の慣習や方針によって、どの呼び方を基本としているかは異なるので確認しましょう。

- 「役職名＋さん」は使わない

　役職名を付けた呼び方はそれ自体が敬称になるので、「部長」あるいは「田中部長」と言えば敬意は十分に表されることになり、「田中部長さん」という言い方はしません。

【社外の人とコミュニケーションする場合の敬称】

自社の人間は全員呼び捨てにします。社外で自社の人間を呼ぶ場合は、「社長の秋山は…」「部長の田中は…」「松本は…」という言い方をしま

す。新入社員の場合、社内では「秋山社長」「田中部長」「松本さん」と呼んでいるのに、社外では「秋山は…」「田中は…」「松本は…」と呼び捨てすることに最初は戸惑いを覚えると思いますが、慣れましょう。

● 他社の人は役職名か「さん」付けで呼ぶ

　他社の役職付きの人は、「高橋部長」「石川課長」のように呼びます。この場合も「高橋部長さん」という呼び方はしません。また、役職付きでない人は「様」、親しい間柄であれば「さん」を付けて呼びます。

社内では		社外では		他社の人の場合	
役職者	役職者以外	役職者	役職者以外	役職者	役職者以外
・役職名 ・名字＋役職名 ・〜さん	・〜さん	・役職名＋名字 ・呼び捨て	・呼び捨て	・役職名 ・名字＋役職名	・〜様 ・〜さん
【例】 ・部長 ・田中部長 ・田中さん	【例】 ・松本さん	【例】 ・部長の田中 ・田中	【例】 ・松本	【例】 ・部長 ・高橋部長	【例】 ・佐藤様 ・佐藤さん

　なお、社内外の人が出席する会議などで社内の人を表現する場合は、社外の人に対しては「田中が」「松本が」といった呼び捨て、社内の人に呼びかける場合は「田中部長」「松本さん」という敬称になります。

2　社内の人に対する間違った敬称と敬語

　前述のとおり、他社の人に対して社内の人のことを表現するときは、名前に「さん」などの敬称や「部長」などの肩書は付けません。敬語も尊敬語ではなく、謙譲語の表現になりますので注意しましょう。

間違った使い方	正しい使い方
田中部長はいらっしゃいません	（部長の）田中は席を外しております
田中部長がよろしくとおっしゃっていました	（部長の）田中がよろしくと申しておりました

敬語とビジネスにおける言葉遣い

- ✓ 適切な敬語で相手への敬意を示す
- ✓ 敬語の種類と基本形を押さえる
- ✓ 基本を知った上で応用できるようになろう

1 ビジネスシーンにふさわしい言葉遣い

　敬語が苦手だという人も多いでしょう。「言葉遣いは心遣い」といわれます。敬語は、相手を尊重し、あなたの敬意をうまく伝えるビジネスコミュニケーションの基本です。

　最近は昔ほど敬語に厳しくない風潮になっていますし、"敬語だと距離を感じる" という側面もあるかもしれません。ただ、必要な場面で敬語を使えなかったり、間違った敬語を使っていたりすると、"ビジネスの基本も身に付いていないのか" と思われて、あなたが損をしてしまいます。

　使っているうちに慣れますので、正しい敬語を身に付けましょう。

2 よく使う敬語

　相手の動作を高めることで相手を敬う「尊敬語」、自分がへりくだることで相手を立てる「謙譲語」、丁寧に話すための「丁寧語」(「〜します」の形) を使い分けましょう。

	尊敬語	謙譲語
言う	言われる・おっしゃる	申す・申し上げる
聞く	お聞きになる	伺う・承る・拝聴する
見る	ご覧になる	拝見する
食べる	召し上がる	いただく
行く	いらっしゃる・おいでになる	伺う・参る

来る	いらっしゃる・お越しになる・お見えになる	参る
する	なさる・される	いたす・させていただく
思う	お思いになる・思われる	存じる
知る	お知りになる・ご存じである	存じる・存じ上げる
伝える	お伝えになる	お伝えする・申し伝える
会う	お会いになる・会われる	お会いする・お目にかかる
いる	おられる・いらっしゃる	おる
あげる	くださる	差し上げる
座る	お掛けになる	座らせていただく

3 間違えやすい敬語

　間違った敬語が癖になってしまうと、後から修正することは難しいものです。よくある間違いは、尊敬語と謙譲語の覚え間違いや二重敬語です。

間違いのパターン	間違った使い方	正しい使い方
尊敬語を使うべき相手の動作に謙譲語を使う	社長が申されたように…	社長がおっしゃったように…
	社長が参られました	社長がいらっしゃいました
	受付で伺ってください	受付でおたずねください
	受付でいただいてください	受付でお受け取りください
	担当者に申してください	担当者におっしゃってください
	田中様はおりますか	田中様はいらっしゃいますか
	他にお聞きしたいことはありますか	他にお聞きになりたいことはありますか
モノに尊敬語を使う	すてきな絵でいらっしゃいますね	すてきな絵ですね
二重敬語（尊敬語に「られ」をつける）	お客さまがお見えになられました	お客さまがお見えになりました
	課長がおっしゃられたとおり	課長がおっしゃったとおり

知っておいたほうがよいカタカナ用語

- ✓ 最初は分からない用語があるのは当たり前
- ✓ 分からない用語はすぐに確認する
- ✓ むやみにカタカナ用語を使わない

1 ビジネスシーンにあふれるカタカナ用語

　ビジネスの現場・文書においてカタカナ用語を見聞きすると、最初は戸惑うことがあるかもしれません。日本のビジネスは、欧米のビジネス形態などを取り入れて進化しているため、業界・会社・職場・チームによって程度の差こそあれ、カタカナ用語が使われることはよくあります。一般的なカタカナ用語は覚えておきましょう。

　カタカナ用語と併せて、業界用語や社内用語も覚えておくことが大切です。これらの言葉は、一般的な意味とは違う意味で使われていることもあるので、認識を擦り合わせることが大切です。また、自分が話すときには、知っているカタカナ用語をむやみに使うことは避け、相手に応じて最も伝わりやすい言葉を選ぶように意識しましょう。

2 知っておいたほうがよいカタカナ用語

- アイスブレイク：会議や商談などの冒頭で緊張をほぐすための会話
- アウトソーシング：業務を外部に委託すること
- アサイン：仕事などを割り当てること・任命すること
- アジェンダ：会議などで議論する項目
- アポイントメント（アポ）：会議や商談等の約束
- クライアント：顧客・取引先・依頼人
- クロージング：契約の締結、申込書の回収など受注に向けた最終工程
- コンセンサス：合意

- コンプライアンス（コンプラ）：法令や社会のルールを守ること
- スキーム：事業等の枠組み・戦略・仕組み
- ステークホルダー：株主、顧客、従業員、仕入れ先等、企業の利害関係者
- タスク：割り当てられた仕事・課題・作業
- ペイ（する）：採算が取れること
- ペルソナ：自社サービスを利用する典型的な（架空の）ユーザー像
- ボトルネック：うまく進まない部分や原因
- リスケジュール（リスケ）：会議や商談等の日時を再調整すること
- ローンチ：製品やサービスを公開すること

3 知っておいたほうがよい英語略称

　ビジネス上、よく聞く英語略称についても一部紹介します。新しい言葉や各専門領域における略称もどんどん出てきます。分からない用語に出合ったら、確認したり調べたりする習慣をつけましょう。

- BS（Balance Sheet）：貸借対照表（ 50 参照）
- BtoB（Business to Business）：対企業にビジネスを行うこと
- BtoC（Business to Consumer）：対一般消費者にビジネスを行うこと
- EC（Electronic Commerce）：電子商取引
- IoT（Internet of Things）：さまざまなモノをインターネットにつなげる技術のこと
- KGI（Key Goal Indicator）：重要目標達成指標（ゴール指標）
- KPI（Key Performance Indicator）：重要業績評価指標（プロセス指標）
- NDA（Non-Disclosure Agreement）：秘密保持契約
- PDCA（Plan-Do-Check-Action）：計画、実行、評価、改善のサイクル
- PL（Profit and Loss Statement）：損益計算書（ 50 参照）
- SaaS（Software as a Service）：クラウド上にあるソフトウエアを利用できるサービス

第 3 章

電話応対・FAX

電話応対の基本

- ☑ 電話は2コール以内に出る
- ☑ 記憶より記録。必ずメモを取る
- ☑ 態度や姿勢は声に表れる

1 ビジネス電話の心構え

　スマートフォンがこれだけ普及している現在、相手の顔が見えず、誰からかかってくるかも分からないビジネス電話の応対に苦手意識を持つ人も多いでしょう。しかし、準備して積極的に臨む中で徐々に慣れていきます。初めのうちはもたついても構いません。まずは、ビジネス電話応対に求められる、四つの心構え「迅速」「正確」「簡潔」「丁寧」を意識して実践していきましょう。

■迅速
- 執務中でも執務を中断して、電話は原則2コール以内に出ることを目指しましょう（3回以上コールさせてしまったら、最初に「お待たせいたしました」と一言加えましょう）
- 保留や転送の方法を習得し、使いこなしましょう
- 取り次ぎなどで、もたつかないようにしましょう。取り次ぎの目安は30秒以内です

■正確
- 記憶力だけに頼らず、相手の会社名や名前、用件は必ずメモを取りましょう（パソコンへの入力などでも問題ありません）
- 会社名や名前に自信がないときは必ず確認しましょう
- メモを基に復唱しましょう
- 紛らわしい言葉、数字（1〔いち〕と7〔しち〕など）には特に注意し、点検・確認しましょう

■簡潔
- 復唱や取り次ぎなどでは、ポイントを端的に伝えましょう
- 言葉のつなぎに「えー」「あのー」などが入らないようにしましょう
- 語尾は伸ばさず、言い切りましょう

■丁寧
- 姿勢や表情は声に表れます。背筋を伸ばして電話応対しましょう
- 敬語を正しく使い、ビジネスシーンにふさわしい言葉遣いを意識しましょう
- 固定電話を切るときは、指でフックを押さえてから受話器を置きましょう

2 よくある電話応対での言い回し

① 相手の声が聞き取れない場合
　「お電話が遠いようです。もう一度、おっしゃっていただけますか」

② 相手が名乗らない場合
　「恐れ入りますが、お名前をお伺いできますか」

③ 名指し人（お客さまが用事のある相手）が休んでいる場合
　「あいにく○○は、休みを取っております」

④ 名指し人が会議中・電話中の場合
　「あいにく○○は、席を外しております。よろしければ戻り次第、折り返しましょうか」
　「あいにく○○は、電話に出ております。終わり次第、折り返しましょうか」
　✕「○時過ぎに再度お電話してください」（先方が申し出てきた場合を除き、相手に電話をかけ直させる応対は原則として NG）

⑤ 自分が代理で受ける場合
　「よろしければ私が代わりに承りますが、いかがでしょうか」

固定電話の受け方

- ✅ 保留ボタンと転送ボタンを使えるようにする
- ✅ 練習してパターンを覚える
- ✅ 折り返し依頼や伝言を確実に伝える

1 固定電話の操作方法を覚える

　店舗でのアルバイト等で経験していないと、固定電話、特にビジネス電話の応対は慣れていない人もいるでしょう。しかも「保留して転送する」という操作は、会社などに入社して初めて経験することかもしれません。まずは「保留ボタン」「転送ボタン」の使い方を確実に覚えましょう。

　また、応対は明るく温かい声で！　ゆっくりと聞きやすいスピードを意識しましょう。電話応対に慣れないうちは、先方の会社名や名前を忘れてしまいがちです。必ずメモして復唱するようにしましょう。

2 固定電話の基本的な受け方

① 2回以内のコールで取る

　→ 3回以上鳴った場合は、「お待たせいたしました」と言う

②「はい。品川株式会社の鈴木でございます」

──代々木物産の佐藤です。いつもお世話になっております

③「代々木物産の佐藤様ですね。いつもお世話になっております」

　→相手の会社名と名前を復唱した上で、あいさつをする

──営業1課の山本さんをお願いします

④「営業1課の山本ですね。少々お待ちください」

　→社内の人間は役職にかかわらず呼び捨てにする

　→（「課長の山本ですね」と役職＋名前等で確認することもOK）

　→保留して、30秒以内に名指し人に取り次ぐ

⑤「山本課長、代々木物産の佐藤様からお電話です」

　→誰からの電話か、相手の社名と名前をきちんと伝える（用件を
　　確認している場合は、端的に用件も伝える）

※名指し人が個人ではない場合（営業部、法人サービスの担当者など）

　→「○○部宛てですね。かしこまりました。どのようなご用件でしょう
　　か？」と用件を確認して、担当部署に対応を依頼する

※名指し人が不在の場合

　→確認した後、「あいにく○○は休みを取っております／外出しており
　　ます／席を外しております」と状況を簡潔に伝えた後、「戻り次第折
　　り返しましょうか？／何か伝言があれば承りましょうか？」などと
　　望ましい対応を先方に伺う

　→社内の会議に参加している場合は「会議に出ております」とは伝え
　　ず、「席を外しております」と伝える（先方よりも会議を優先してい
　　る印象を与えてしまう）

※対応方法が分からない場合

　→「申し訳ありませんが、少々お待ちください／確認いたします」など
　　と伝えて保留にし、周囲にいる先輩などに確認して対応する。対応
　　できるか分からない中で、「いつまでに対応します」「いつまでに折
　　り返します」などと伝えてしまうと、約束を守れなかった際にトラ
　　ブルとなる。曖昧な返答や勝手な判断はしないようにする。

※名指し人の（社用）携帯電話番号の取り扱い

　→営業電話などの場合もあるので、事前に指示されている場合などを
　　除いて、携帯電話の番号は安易に伝えない。

※電話の切り方

　→「どうもありがとうございました」「どうぞよろしくお願いいたしま
　　す」「どうも失礼いたしました」とあいさつをして、相手が電話を
　　切ったのを確認してから電話を切る。切るときは、指でフックを押
　　さえてから受話器を置くことを習慣にする。

固定電話のかけ方

- ✓ 会社名と名前を名乗る
- ✓ 事前に名指し人、用件をまとめておく
- ✓ 伝言や折り返し依頼があれば端的に伝える

1 固定電話には特有の発信方法も

　最近はビジネスシーンでも携帯電話から電話することが増えていますので、かつてほど固定電話から電話することは少なくなっています。ただ、仕事内容によっては固定電話から発信することもありますので、使い方を確実に押さえておきましょう。

　なお、固定電話から電話する場合、先方の電話番号をプッシュする前に、「外線」ボタンを押す必要がある場合などがあります。はじめに操作を確認しておきましょう。

最初に「外線」ボタンを押す場合

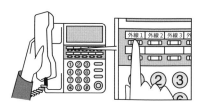

最初に「0（ゼロ）」を押す場合

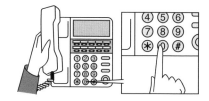

2 固定電話の基本的なかけ方

① 電話をかける前に用件を簡潔にまとめておく

——はい。代々木物産の佐藤でございます

②「品川株式会社の鈴木です。いつもお世話になっております」

——品川株式会社の鈴木様ですね。いつもお世話になっております

③「営業 1 課の石川課長をお願いします」

──営業 1 課の石川ですね。少々お待ちください

〈名指し人の石川課長につながる場合〉

　取り次ぎを待って、再度「品川株式会社の鈴木です。いつもお世
　話になっております」と名乗ってから用件に入る

〈名指し人の石川課長が不在の場合〉

──「あいにく石川は外出しております」など

ケース 1 ：伝言を依頼する場合

　「かしこまりました。それでは伝言をお願いできますでしょう
　か？」

　→伝言内容は簡潔にして、複雑な内容は「メールをお送りします
　　ので、ご確認くださるようにお伝えいただけますか？」などと
　　伝言ではない方法で伝える

ケース 2 ：他の人に対応を依頼したい場合

　「○○についてお尋ねしたいのですが、お分かりになる方はいらっ
　しゃいますか？」

**ケース 3 ：石川課長でないと分からない用件の場合は、何時ごろに
戻るのかを聞く**

　「16 時ごろお戻りになるのですね。それでは 16 時過ぎにもう一度
　お電話いたします。失礼ですが、お名前をお伺いしてよろしいで
　しょうか」

　→電話を受けてくれた人の部署名、名前を聞いておく

④「それでは、どうぞよろしくお願いいたします」

　→最後は丁寧にお礼の言葉を述べる

〈電話を切るときの対応〉

　「どうもありがとうございました」「どうぞよろしくお願いいたし
　ます」「どうも失礼いたしました」とあいさつして、指でフックを
　押さえてから受話器を置く(電話をかけたほうが先に電話を切る)

15

FAXの使い方

- ✅ FAX は情報伝達や営業手段の一つ
- ✅ ビジネスでは現役で使われている
- ✅ 送付状を添えて送信することが基本マナー

1 まだまだ現役の「FAX」

　メールや SNS でのやりとりが当たり前になった現在、今まで FAX でのやりとりをしたことがない人もいるかもしれません。

　しかし、ビジネスにおいては、まだまだ現役で使われています。そのため、自社の業務で FAX を使っている場合、基本的な使い方は押さえておきましょう。昨今では、FAX 機やネット接続したコピー機などからだけでなく、インターネット経由で FAX を送る／受け取るサービスもあります。

2 FAX の使い方の基本

［1］送付状の準備

　FAX では、送付する内容物の前に「送付状」を添えることが一般的です。送付状には、以下の内容を記載します。

- 送信日：いつ送ったものかを明確にするため
- 宛先：送付先を間違えないように注意する
- 差出人の情報：電話番号は必ず記載する
- 件名：要件が分かるように簡潔に
- 用件：あいさつ文や用件を記載する
- 送信枚数：すべて受け取ることができたか確認するために記載

※送付状を作成する際には、読みやすいように文字の大きさや行間に注意しましょう。

[2] 送信の手順

　手順はシンプルです。なお、くれぐれも送信先を間違えないよう、FAX
番号の入力は注意して行いましょう。

① 「自動送り装置」に原稿をセットする

② 送り先の FAX 番号を入力して「送信」ボタンを押す

③ 原稿が読み込まれれば送信完了

④ 送信完了（送信エラーが出ていないか）を確認する

[3] FAX 送信の NG 集

① 大量の枚数を送る

② 機密文書を送る

③ ページ番号を振り忘れる

④ 原稿のサイズや向き、ページ番号がバラバラのまま送る

⑤ 深夜や早朝に送る（電話番号＝ FAX 番号というケースがあり、受信
　音がうるさいため）

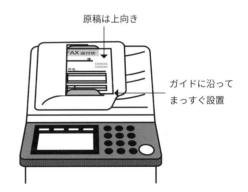

原稿は上向き

ガイドに沿って
まっすぐ設置

携帯電話の注意点

- ✅ 携帯電話でも受け答えの基本は変わらない
- ✅ 自動車等の運転中や電車・バスの中では電話に出ない
- ✅ 電話をかけるときは静かな場所から

1 携帯電話での通話のポイント

　携帯電話でも、受け答えの基本は **13** ～ **14** の固定電話の応対と変わりません。ただし、携帯電話を使う場面の特徴として、「自分自身に直接かかってくること」「外での通話が多いこと」の2点を理解しておきましょう。

[1] 電話がかかってきたときのポイント

- 携帯電話のアドレス帳に登録がない場合
　基本的に全て「社外からの電話」と考えて電話に出る

- 携帯電話のアドレス帳に登録がある場合
　社内の場合：「お疲れさまです。○○です」
　社外の場合：「お世話になっております。株式会社△△の○○です」

[2] 電話に出る際や通話中の注意点

- 自動車等の運転中、電車・バスの中など
　かかってきても出ないこと。あらかじめドライブモードやサイレントモードに設定しておく

- 電波が悪い場合
　「申し訳ございません。こちらの電波が悪いようなので、改めてかけ直します」

- 外で周りがうるさい場合
　「申し訳ございません。静かな場所へ移動しますので、○分後に改めてご連絡いたします」

[3] 電話をかける際の注意点

　周囲が静かで雑音が入らない場所から電話します。特に社外から電話をする際は、駅のホームなど雑音が入る場所から電話をしないように注意しましょう。また、電波状況も確認しましょう。

　自分の携帯電話から先方の携帯電話にかける場合、先方が会社名や名前を名乗らないこともあります。その場合は通話先が意図した相手かを確認してから用件に入りましょう。「株式会社△△の○○と申しますが、◇◇様の携帯電話でしょうか」

　また、先方が通話できる状況か確認しておきましょう。「いま○分ほどお時間いただいても大丈夫でしょうか」

　なお、周囲に人がいる場所で電話をする場合、こちらの話した内容が周りに聞こえることもあります。顧客や取引先の名前、自分の会社名はなるべく伏せる、イニシャルでやり取りするなど、情報管理に注意しましょう。

2 社用携帯電話の取り扱い

　会社から貸与されている携帯電話は会社の資産です。そのため、私物の携帯電話とは区別して扱いましょう。自分の趣味や時間つぶしのためにネットサーフィンをしたり、業務と関係のないアプリケーションを入れたりすることはご法度です。

　また、会社のネットワークにアクセス可能な設定がされていたり、アドレス帳に取引先の情報が入っていたりすることなどから、個人情報や業務上の機密情報の保護の観点からも取り扱いに注意する必要があります。万が一紛失してしまった場合は、すぐに会社に報告しましょう。

電話応対の事前準備

■職場のメンバーの名前と顔を覚えましたか？

名前を聞いたら、すぐにその人の顔が思い浮かぶように
なっていると、スムーズに電話を取り次げます

■職場のメンバーの予定を小まめに確認していますか？

外出や会議など、職場のメンバーの予定は常に把握して
おくよう心掛けましょう

■すぐ書ける位置にメモ帳と筆記用具を準備していますか？

電話を取ってからメモ帳を探していると、慌ててしまい、
相手の名前などを聞き取れないかもしれません

■相手から必ず聞いておくべき事項は把握できていますか？

相手の会社名、名前、電話番号と用件、取り次ぐ担当者
が不在の場合には折り返しが必要かどうかを聞き漏らさ
ないようにしましょう

第 **4** 章

ビジネス文書・
メール・手紙

17

ビジネス文書とは

- 情報を正しく伝え、証明や証拠として作成する
- ビジネス文書には共通する基本構成がある
- 「前文」など社外文書に特有の要素を押さえる

1 ビジネス文書の種類と目的

　ビジネス文書は、仕事の中で作成する文章や書類の総称です。ビジネス文書は大きく分けると、社内文書と社外文書に分けられます。

① **社内文書**：社内向けに作成する文書：稟議書、報告書、企画書、上申書、提案書、始末書など

② **社外文書**：社外向けに作成する文書：見積書、発注書、請求書、契約書、送付状、提案書、依頼状、案内状、挨拶状、おわび状など

　ビジネス文書には、情報を正しく伝える、証明や証拠として文書で残すといった目的があります。現在、ビジネス文書は紙ではなく、オンラインのフォーマット等で作成するケースも増えています。それでも、ビジネス文書の目的や押さえるべきポイントは変わりません。ビジネス文書の主な要素を知り、作成のポイントを押さえましょう。

2 ビジネス文書の主な要素

　ビジネス文書は種類や会社によって形式が異なりますが、以下のような要素が含まれることが多いでしょう。

A　**文書番号・日付**：適切に管理するための必須項目です。オンラインで作成する場合は自動採番になっているケースも多いでしょう

B　**宛名**（会社名・所属・役職・名前など）：社外文書の場合は必須です。所属・役職は省略せず記載します。会社宛てなら「御中」、個人宛てなら「様」が基本です

C　発信者名（会社名・所属・役職・名前）：住所や連絡先を併記することもあります。連名で出す際には、役職の高い順に記載します

D　タイトル：内容が分かるように端的・簡潔に記載します。「○○の件」「○○の○○について」等がよく用いられます

E　本文：ビジネス文書で大切なことは、正確さと分かりやすさです。まず結論を記載し、その上で、用件の詳細や理由、経緯などを述べます。社内文書は簡潔さを重視して、儀礼的なことは最小限にとどめるケースが多い一方で、社外文書の場合は礼儀を守ることも大切で、一定の形式や慣用表現を用いることが増えます。例えば、「拝啓　初秋を迎え、貴社におかれましてはますますご清栄のこととお喜び申し上げます」といった前文、「取り急ぎご回答申し上げます」「今後とも一層のご愛顧賜りますようお願い申し上げます」などの末文等です

F　記書き：ビジネス文書で箇条書きを使う場合、「記」として改行し、記載することがよくあります。本文で言い足りないことや強調したいことがあれば、「追伸」として最後に書き添えることもあります

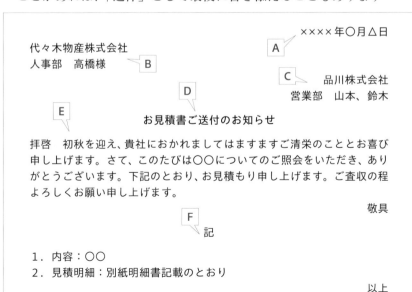

×××× 年○月△日 **A**

代々木物産株式会社
人事部　高橋様　**B**

C　　品川株式会社
営業部　山本、鈴木

D
E
お見積書ご送付のお知らせ

拝啓　初秋を迎え、貴社におかれましてはますますご清栄のこととお喜び申し上げます。さて、このたびは○○についてのご照会をいただき、ありがとうございます。下記のとおり、お見積もり申し上げます。ご査収の程よろしくお願い申し上げます。

敬具

F　記

１．内容：○○
２．見積明細：別紙明細書記載のとおり

以上

18

メールの書き方

- ✅ 送信前に宛先を再度チェックする
- ✅ 件名は分かりやすく簡潔にする
- ✅ CC、BCC の使い方を押さえる

1 ビジネスコミュニケーションの中心はメール

　現代のビジネス社会では、コミュニケーションはメールが一般的です。社内でチャットツールが導入されていても、社外とはメールでやりとりすることが多いでしょう。ビジネスメールの基本を理解し、相手に失礼のないよう、メールを適切に使いましょう。

　なお、メールソフトにはテンプレートを設定できるため、よく使う形式のメール文は登録しておくと生産性の向上にもつながります。多用する文章や単語は "辞書登録" しておくこともお勧めです。

2 メールの構成

　基本的な構成を押さえ、素早く返信できるようにしましょう。

A　**宛先（To）**：メール受信者のメールアドレスを入力します

　宛先（CC：カーボンコピー）：上司や部下など、情報を共有したい相手のメールアドレスを入力します。メール受信者は誰が CC に入っているか分かります

　宛先（BCC：ブラインドカーボンコピー）：メール受信者は誰が BCC に入っているか分かりません。受信者に知られずにメールを同送したい、メールを一斉に送りたいが受信者同士は面識がなくメールアドレスをお互いに見えないようにしたい、といった場合に使用します。利用する機会は少ないです

B　**件名**：件名を見れば内容が分かるようにします

C　本文：宛名・あいさつ・自分の名前・本題が基本構成です

- 本題は短く、簡潔にまとめます。伝えるべき内容を整理して、相手がひと目で理解できるように書くのがポイントです。結論を最初に書いて、その後に理由や説明、補足事項を書くと読みやすいです
- 適切なところで改行します。20 ～ 30 文字程度で改行し、3 ～ 4 行程度を一つのブロックにして空白行を挟むと読みやすくなります
- 相手の確認や返信が欲しい場合には、件名に【返信お願いします】や、本文に「お手数ですが、ご確認いただきましたら返信いただければ幸いです」などを書き添えます。メールソフトの開封確認機能は基本的に使いません

D　署名：会社名・部署・自分の名前・連絡先等、メールにおける名刺の役割です。会社によっては体裁を統一しているので確認しましょう

To	takahashi@×××××.co.jp A
CC	yamamoto@△△△.com
BCC	tanaka@△△△.com

送信前には必ず宛先を再度チェック。誤送信による情報漏洩が多い

件名	お打ち合わせの御礼（資料添付） B
添付	📎

代々木物産株式会社
人事部　高橋様
cc：弊社山本

CC をする際は、誰に同送しているかを書き添えると親切

いつもお世話になっております。
品川株式会社の鈴木です。　C

本日はお打ち合わせのお時間を頂戴いたしまして、
ありがとうございました。
本日の資料を添付にてお送りいたします。
ご査収の程よろしくお願いいたします。

品川株式会社
営業部　鈴木大輝（Suzuki Daiki）　D
〒△△△－□□□□　東京都品川区○○ 5－0－0
TEL：××－××××－××××　E-mail：suzuki@△△△.com

19

社内メールと社外メール／添付ファイル

- 社内メールは効率重視だが、文章は丁寧に書く
- ファイルを添付する際は、ファイル名を分かりやすく付ける
- 怪しいメールの添付ファイルはうかつに開かない

1 社内メールと社外メールで共通すること

電話でも、社内の人に連絡する時と社外の人に連絡する時ではあいさつや名乗り方などが異なるように、メールで連絡する時も社内向けと社外向けでは多少違いがあります。

社内向けでは、社外向けよりも形式などは簡略化して、より効率的に用件が伝わることが重視されます。しかしながら、社内向けのやりとりであっても、関係性に応じて、丁寧な言葉遣いやマナーなどは守りましょう。

■良い社内メール

件名：【報告】代々木物産高橋様との打ち合わせ日程

本文：
山本課長

お疲れさまです。
代々木物産高橋様との打ち合わせですが、
〇月×日10時～（先方へ訪問）で決定しました。

また出発時間などの詳細をご報告しますが、
取り急ぎスケジュールのご確認をお願いいたします。

営業部　鈴木大輝　　携帯　×××－××××－××××

■悪い社内メール

件名：打ち合わせの件

本文：先ほどご相談した打ち合わせは、×日 10 時から実施です。

2 メールへのファイル添付

　メールにファイルを添付する際、ファイル名は内容が分かるように付けます。なお、メールへのファイル添付については、以下のように会社でルールが定められている場合もあるので、確認しておきましょう。

- 個人情報などが含まれている場合はパスワードを設定し、別途メールでパスワードを伝える（昨今はあまり推奨されない）
- ファイル添付が禁止されており、クラウドストレージを利用する

　特に、個人情報や会社の機密情報を含んだファイルをやりとりする際には細心の注意を払いましょう。

3 添付ファイル付きのメールを受信した際の注意

　近年はなりすまし型のウイルスを含んだ添付メールが急増しています。メールを受信した際、送信元が知っている人の名前でも、メールアドレスや文章におかしな点がないか、必ず確認するようにしましょう。具体的には、そうしたメールはメールアドレスのドメインがフリーメールであることや、文章に日本語としておかしい部分が含まれていることが多いでしょう。また、ファイル名が英数字であったり、「.exe」といったファイル形式であることもよくあります。不審な添付ファイルは絶対に開かず、社内の IT 担当者に連絡しましょう。

　一度開いてしまうと、パソコンが乗っ取られ、会社全体のパソコンにウイルスが侵入するおそれがあります。万が一不審なファイルを開いてしまった場合は、まず無線 Wi-Fi などをオフにしたり、LAN ケーブルを抜いたりして、インターネットとの接続を切断しましょう。

20

ビジネスレター（封書）の書き方

- ☑ ビジネスレター（手紙）は丁寧に作成する
- ☑ 封書の書き方、用紙の選び方には一定のルールがある
- ☑ 宛名は書く順序を工夫して、バランスよく配置する

1 ビジネスレターとは

　ビジネスレターは、封書形式で顧客などに送る手紙を指します。最近は、メールや電話、FAX でのやりとりがほとんどですが、ビジネスレターを作成する場合もありますので、基本を知っておきましょう。

2 封筒の使い方

① 封筒の種類

　会社名や住所が印刷された自社封筒があれば、原則としてこれを使います。封筒に日付の記入欄があれば、中に入れる文書の日付と同じ日付を書きます。自社封筒がない場合は、茶色か白無地の封筒を使用します。よりフォーマルな内容を送る際は白封筒、請求書の送付などの実用的な場合は茶封筒でもよいと覚えておきましょう。ビジネスレターでは、自社封筒以外では、色付きやイラスト入りの封筒は原則として使いません。

② 縦書きと横書き

　封筒の住所と宛名は縦書きがオーソドックス。中に入れる文書が縦書きなら封筒も縦書き、文書が横書きなら封筒も横書きにするのが一般的です。

③ 必要な場合は目的を記入する

　「親展」「至急」「納品書在中」「請求書在中」など、必要があれば記入します。

3 宛名はバランスが大事

　宛名は、①送り先の役職と名前、②部署名、③会社名、④住所の順番で書いていくと、バランスが整った見た目にできます。なお、宛名を走り書きするのは厳禁です。丁寧に書く習慣を身に付けておきましょう。

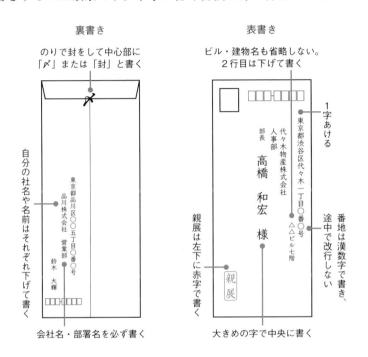

裏書き

のりで封をして中心部に「〆」または「封」と書く

自分の社名や名前はそれぞれ下げて書く

東京都品川区○○五丁目○番○号
品川株式会社　営業部

鈴木　大輝

会社名・部署名を必ず書く

表書き

ビル・建物名も省略しない。2行目は下げて書く

東京都渋谷区代々木一丁目○番○号
△△ビル七階

1字あける

番地は漢数字で書き、途中で改行しない

代々木物産株式会社
人事部
部長

高橋　和宏　様

親展は左下に赤字で書く

親展

大きめの字で中央に書く

ビジネスレター作成時のチェックリスト

【封筒】

□自社封筒もしくは白封筒・茶封筒を使う

□相手の名前は行末に書いたり、2行に分けて書いたりしない

【内容物】

□色付きや柄入りの便箋、レポート用紙、原稿用紙は使わない

□インクは黒を使うのが原則(青色はコピーした場合に読みづらい)

□日付や差出人名（後付け）だけを最後の用紙に書いたり、後付けが2枚にわたったりしないように書く

21

縦書きビジネスレターの書き方

- ✔ 日常で見る機会は少ないが、書き方を知っておこう
- ✔ 頭語と結語の対応、時候の挨拶などの慣用表現にはルールがある
- ✔ 作成する際は、インターネットなどで慣用表現を調べる

1 独特のルールがある縦書きのビジネスレター

　縦書き、いわゆる手紙形式のビジネスレターは、最近あまり見る機会はありません。ただし、メール文章や通常の送付状など以上に、構成の型やマナーがありますので、知っておきましょう。

2 縦書きのビジネスレターの構成

A　頭語：「拝啓」「謹啓」「啓上」などを使います

B　時候の挨拶：各季節にふさわしい時候の挨拶が決まっています。例えば、3月なら「早春の候」、4月なら「春暖の候」といった形です。簡単に「時下」として、次に続けてもよく、「時下ますますご清栄のこととお喜び申し上げます」とします

C　先方を気遣う：私信では「お元気ですか」に当たる部分。「貴社ますますご発展のこととお喜び申し上げます」などとします

D　感謝の言葉：「当社の業務につきましては日頃より格別のご厚情を賜り厚く御礼申し上げます」などが一般的です

- 前文を省略する場合：頭語（**A**）から感謝の言葉（**D**）までを「前文」といいます。儀礼的な文書でない場合は省略も可能で、その際は「前略」を使います

E　主文：文書の中心となる部分。前文との区切りをはっきりさせるため、「さて」「ところで」などを入れることで相手の注意をひきます

F　末文：文の結びの挨拶であるとともに用件を念押しする意味もあり

56

ます。「今後とも一層のご愛顧を賜りますようお願い申し上げます」などが使われます

G 結語：「さようなら」の意味です。頭語と対照させて使うものなので、「拝啓」なら「敬具」、「前略」なら「草々」など、正しく組み合わせます

H 記書き：「記」として、次の行から箇条書きにします。例えば、会合の日時、会場、会費などを箇条書きで記す場合などに使います

I 日付、差出人：縦書きのときは、日付や発信者名は文書の最後に来ます。なお、文章の冒頭には、原則として件名はつけません

※主文で言い足りないことや、特に強調しておきたいことなどを「追伸」として入れることがあります。ただし、慶弔に関係する書状には入れないのが礼儀です。また、目上の人に出す文書の場合、追伸は失礼に当たるので注意しましょう。

※作成する際は、頭語と結語の対応、時候の挨拶などについて、インターネットなどで季節に適したものや正しい組み合わせ等を調べながら作成しましょう。

お歳暮をいただいた際の御礼の文書例

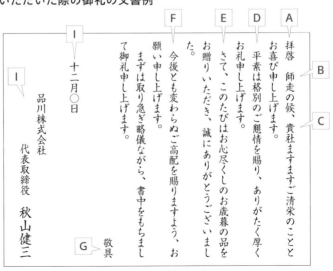

拝啓　師走の候、貴社ますますご清栄のこととお喜び申し上げます。

平素は格別のご懇情を賜り、ありがたく厚くお礼申し上げます。

さて、このたびはお心尽くしのお歳暮の品をお贈りいただき、誠にありがとうございました。

今後とも変わらぬご高配を賜りますよう、お願い申し上げます。

まずは取り急ぎ略儀ながら、書中をもちまして御礼申し上げます。

敬具

十二月○日

品川株式会社

代表取締役　秋山健三

[コ ラ ム]

メール対応のチェックポイント

■返信はなるべく早く

　対応に時間が必要な場合などは、受信したことだけでも先に伝えましょう

■緊急の場合は電話を利用する

　すぐに周知・対応が必要な用件は、メールだけでなく電話で連絡を入れましょう

■送信前に読み返す

　送信してしまったメールは修正できません。宛先に加えて、内容の誤り、誤字・脱字がないかを送信前に再度確認しましょう

第 **5** 章

（オンライン）会議・
チャットツール・SNS

22

会議の作法

- ✔ 参加目的を持って会議に臨む
- ✔ 会議前に必要な資料を準備し、アジェンダや資料を読み込む
- ✔ 決定事項や要点、タスクを端的にまとめた議事録を作成する

1 会議はつまらない？

　会議と聞いて、どのようなイメージを持ちますか？　「つまらない・眠くなる・聞いているだけ」というイメージであれば、それは違います。会議はチームや部署の方針を決めたり、施策を決定したりするための場です。そして、参加者人数分の人件費もかかっています。会議は通常業務を中断して開催するものであり、限られた時間内で一定の方向性や結論を決めるために行います（意思決定しない会議もあります）。会議に何の目的も持たず参加して、発言もしないようでは、参加する意味はありません。目的とゴールを明確にして臨みましょう。「必ず○回は意見を言う」「○回は質問する」と決めて参加すると、当事者意識も高まるでしょう。

　なお、議事録作成や会議室のセッティング、会議のスケジュール調整を頼まれた場合、いずれも基本的な仕事ですが、間違いがあってはいけません。丁寧に取り組んで周囲からの信頼を得ましょう。

2 会議出席者の心得

■参加前
① 実施日時、場所の確認
② 会議資料を事前に読み込む。必要に応じて過去の議事録も参照する
③ どのような目的の会議か、自分が参加する意味を考える
■参加中
① 分からない言葉や内容があればメモを取り、調べる

② 議論の内容に対し、自分の意見を考える

③ 積極的に発言や質問をする

3 議事録は正確かつスピーディーに作成して共有する

　会議の内容を記録し、情報を共有するために、議事録を作成することが基本です。議事録には、決定事項や責任の所在を明確にして関係者の認識のズレをなくすという重要な役目があります。会社によりフォーマットは多少異なりますが、記載すべき基本事項は共通しているので、分かりやすく正確な議事録が書けるように意識しましょう。

　人の記憶は時間の経過とともに曖昧になるので、議事録の作成は早いほどよいといえます。会議当日か翌日までに作成するのが一般的です。最近は、オンラインドキュメントを使って会議中にリアルタイムで議事録を作成することも増えていますし、議事録の自動作成ツールを使っている会社もあるでしょう。そうした場合も、間違いや抜け漏れがないかを必ずチェックした上で、参加者・欠席者に告知・共有しましょう。

　　　　　　　　　　　　　　　　　　　　　　　××××年9月5日

　　　　　　　　　　　　　　　　　　　　作成者：営業部　鈴木

　　　　　　　　　　　　9月営業部会議　議事録

日時：××××年9月4日（×）　13時30分～14時00分

場所：本社　大会議室

出席者：（敬称略）田中、山本、伊藤、渡辺、中村、鈴木

欠席者：小林

配布資料：××××年8月活動報告書

議題：1．8月営業活動報告

　　　　2．9月の売上目標発表

決定事項：1．販促計画最終案を9月11日（×）までにまとめる（伊藤）

　　　　　　2．9月の売上目標は××××万円

詳細：～各議題の詳細や議論の内容～

次回開催予定：××××年10月3日（×）。同会議室、同メンバーにて

　　　　　　　　　　　　　　　　　　　　　　　　　　　以上

23

オンライン会議ツールの使い方

- ✅ 対面でもオンラインでも会議の目的は変わらない
- ✅ 会社のルールによるが、パソコンからの参加が原則
- ✅ マイクとカメラの設定を会議前に確認する

1 オンライン会議の特徴

　近年、テレワークの普及に伴いオンライン会議を活用する会社が増えました。パソコンを活用するオンライン会議には、同じ場所にリアルで集まる必要がないという大きなメリットがあります。社内の会議だけでなく、社外との商談でもオンライン会議ツールを活用することで、移動時間や交通費を削減し、時間と費用を有効活用できます。

　対面での会議と実施方法は異なりますが、会議の目的は対面でもオンラインでも変わりません。オンラインでは表情や雰囲気が伝わりにくいため、対面以上に積極的な姿勢で参加するようにしましょう。

2 オンライン会議の注意点

- パソコンから参加する：スマートフォンだと画面が小さく、画面共有での資料が見にくいなど、会議に支障が出るため（会社によってはスマートフォンからの参加で問題ないケースもあるものの、会社からパソコンが貸与されている場合は原則としてパソコンから参加する）
- うなずきなどのリアクションを大きめにする：声での相づちが難しいため、話している人に内容を理解していることを伝えましょう
- 参加 URL を事前確認する：特に商談の場合は、相手方にアポイント（訪問予約）を取ったタイミングのほか、前日もしくは当日朝にも参加URL を送ると丁寧です
- 発言方法のルールに従う：発言と発言の間をつかみにくいのがオンラ

イン会議です。発言の順番が決められていたり、挙手が必要だったり
するなど、会議での発言ルールがあるのかを確認しておきましょう

3 オンライン会議の参加前の準備、参加中・参加後の心得

■参加前

① マイクとカメラの設定を確認する。イヤホンやヘッドセットを使う場
合はきちんと接続できているか、会議ツールのテスト機能を利用して
確かめる。自分がホストの場合、5 分前には設定確認を済ませておく

② オンライン会議中の背景を事前に設定する。指示がある場合はそのと
おりにするが、なければ「ぼかし」やデフォルトの画像など、常識的
な背景にする。自宅から接続する場合は、背景に余計な私物が映らな
いように注意する

　※カメラオンでの参加が標準的ですが、絶対的なマナーではありませ
　んので、社内のルールや慣習に従いましょう。

③ URL にアクセスして会議ツールが起動するかを確かめる

④ 画面共有する場合、思わぬ情報漏洩などをしてしまわないように、余
計なソフトやタブは閉じておく（特に社外の方が参加するオンライン
会議は注意）

⑤ 身だしなみを整える。カメラに映らない部分も整えて会議に参加する

■参加中

① 指示されたとおりにマイクとカメラの ON/OFF を設定する

② 基本的に、あいさつが終わったら雑音が入らないよう、マイクは
ミュートにしておく

■参加後

① 会議中に共有された資料をダウンロードできているかを確認する

② 会議から退出し、接続が完全に切れていることを確認する

24

チャットツールの使い方と注意点

- ✔ 気軽なチャットツールであってもマナーを守って利用する
- ✔ 会社の利用ルールを確認する
- ✔ 電話、メール、チャットの特徴を理解し、使い分ける

1 チャットツールの特徴

　近年、チャットツールを導入する会社が増えています。チャットツールは電話ほど気張らずタイムリーに連絡ができ、メールよりもやりとりがシンプルという利点があります。添付ファイルの送信も手軽なため、チャットツールを使いこなすと生産性が大きく向上します。チャットツールは社内のコミュニケーションツールとして使うことが多いですが、最近では社外とのやりとりでも使うことがあります。

　使っているツールによっては、依頼されたタスクの抜け漏れが起こりやすかったり、メールと比較して過去のやりとりを検索したりするのが難しい場合もあります。現在は、さまざまなコミュニケーションツールがありますが、パソコンが苦手なので電話を好む人もいれば、メールやチャットのほうがお互いの時間を拘束しないので合理的と考える人もいます。また、チャットやメールで送ることが有効な場合もあれば、電話やオンライン会議でやりとりしたほうがよいテーマもあります。

2 チャットツールの注意点

- 一定の節度を守る：チャットツールでは砕けた表現を用いたり、スタンプなどを使うこともありますが、あくまで上司や先輩、社外のお客さまなど、リアルでの関係性を踏まえた節度ある表現を使いましょう
- 送信前に必ず文章を見直す：手軽に送信できる分、気が緩んで誤字脱字が増えがちです。誤字脱字や失礼がないかを必ず確認しましょう

• 愚痴や陰口の温床としない：自由にグループを作れる機能があります
が、不謹慎・不誠実な使い方をしないようにしましょう

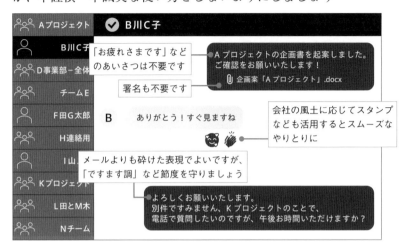

3 電話とメール、チャットツールをどう使い分ける？

　会社によって、チャットツールが推奨されている場合や、そもそも導
入されていない場合などがありますが、おおむね電話とメール、チャット
ツールは、以下のような違いを認識した上で使い分けるとよいでしょう。

	適したシーンや使い分けのポイント
電話	・すぐ確認してほしい場合、返答がほしい場合 ・口頭でやりとりしたほうが、誤解が生じない内容の場合 ・双方向でやりとりして、アドバイスや決裁をもらう場合 ・謝罪を伝える場合 ・相手が電話を好む場合、メールやチャットの反応が遅い場合
メール、 チャット ツール	・急ぎではないコミュニケーションの場合 ・ちょっとした用件や情報共有、連絡の場合 ・文字で整理、表現したほうが分かりやすいテーマの場合 ・添付ファイルなどを送りたい場合 ※事前にメールやチャットを送ってから電話する、「電話で相談したい」 　旨を書き添える、などの掛け合わせも有効 ※メールとチャットは、基本的に同等。社内でどちらが推奨されている 　かなどに応じて利用する

25

SNSとの付き合い方

- ✔ 会社のSNSポリシー等を必ず確認する
- ✔ 顧客や上司など、誰に見られても問題ない状態にする
- ✔ SNSの情報をうのみにしない

1 SNSと適切に付き合う

SNSを活用している人は多いと思います。うまく使えば情報収集だけでなく、発信を通して自分の成長にもつながるでしょう。一方で、投稿が「炎上」してニュース等で話題になることも日々絶えません。「炎上」はSNSを活用している以上、ひとごとではないと肝に銘じましょう。

アカウント名を自分とは全く関係のない名前にしていても、その投稿内容から、見る人が見ればあなたのアカウントだときっと特定されます。投稿内容が法に抵触する行為でなくても、反社会的行為や常識を逸脱する言動などに該当すれば、一部の人しか見られない設定のアカウントであっても、簡単に世の中に広まり、「炎上」します。あなたが会社に属しているかどうかは関係なく、自分を守るためにも、「誰が見ても傷つかない」「誰に見られても問題ない」状態にすることを念頭にSNSを活用しましょう。また、アカウントを作成する際は、会社のSNSポリシー等を確認して、会社名を公開してよいのかなどを必ず確認しましょう。

2 投稿する際に注意すべきポイント

SNS、特にプライベートの匿名アカウントでは、「これぐらいはいいだろう」と気が緩みがちです。匿名アカウントでもさまざまな情報をつなぎ合わせれば、所属会社や個人情報はすぐ特定されるものです。会社名・実名とともに投稿しているというつもりで運用しましょう。

① 会社や仕事の情報：仕事を通じて知り得た情報を投稿した場合、社内

で処分を受ける可能性があります。上場会社において投資家の投資判断に重大な影響を与えるような未公表の会社情報を不当に利用すると、インサイダー取引を行ったとして懲役や罰金が科せられる場合もあります。そもそも個人のアカウントで会社や仕事について不用意に投稿することは避けましょう

例）会社や部門の業績、顧客名や取引に関する情報、プロジェクトの進捗、社内の人間関係

② **他人のプライベートや顧客に関する情報**

例）「店に芸能人の○○が来た！」「こんなお客さまがいて、最悪」「こんな依頼が来たけどできるわけがない。常識なさすぎ…」

③ **他人が映り込んだ写真**：知らない人はもちろん、社員や友人同士でも写真を投稿する際には相手の許可を取るようにしましょう

④ **著作権の侵害**：仕事での資料づくり等でも注意すべきことです。漫画のイラストや TV 番組のキャプチャ画像などを無断で引用するのは原則として NG です

⑤ **誰かを批判したり、侮辱したりするような内容**：相手に面と向かって言えない、第三者に聞かれて問題があるような話は避けましょう。SNS の投稿は自分の意図していない捉え方をされることもあります。投稿前に客観的な視点でよく考えましょう

3 投稿を見る際に注意すべきポイント

① **情報をうのみにしない**：SNS は誰でも発信できるツールです。必ず発信元を確認しましょう。たとえ著名人等であっても、根拠などがはっきりしない情報を信じ込まないようにしましょう。また、不確実な情報を拡散しないようにしましょう

② **不用意に反応しない**：誰かの情報を拡散したり「いいね」等で反応したりすると、「投稿内容に賛同している」と他の人から思われかねません。投稿内容を精査してから本当に必要なときだけ反応しましょう

26

情報セキュリティの高め方

- ✅ 情報漏洩はちょっとしたミスや油断から起こり得る
- ✅ 社外での会話や仕事には特に注意が必要
- ✅ カバンや社用携帯電話、パソコンの紛失に注意する

1 情報の重要性と危険性

　ニュースや新聞で、個人情報や会社の機密情報の漏洩の話題などを見聞きすることがあると思います。決してひとごとではなく、あなた自身のちょっとしたミスや油断から、自社でトラブルが起こることも十分あり得ます。仕事で使っているパソコンやメール、Web サービスのアカウントなどのセキュリティにはくれぐれも注意しましょう。

　情報漏洩というと、コンピュータウイルスやハッキングによるものというイメージが強いかもしれません。しかし、現実にはパソコンや USB メモリなどの紛失、メールの送信ミスなどの人為的なミスによるものも多々あります。また、機密情報などに関しては、電車で社内の人と話している際や飲み会の席での話、エレベーター内での会話なども要注意です。たとえ近くに人がいないようでも、社外では自社や取引先に関する話はしないことが賢明です。また、話をする場合にも自社の会社名や顧客名、サービス名、金額などは伏せることが鉄則です。情報が漏洩した場合、会社全体が不利益を被ることになります。

2 情報の取り扱いで危険な場面

　仕事で貸与されるパソコンや社用携帯電話は、顧客情報などを含めたほとんどの情報がデータ化され、オンラインに保管されていることが一般的です。また、最近はテレワークを導入している会社も増えています。これにより、仕事の生産性向上やスムーズな情報共有が実現してい

ますが、同時にパソコンや社用携帯電話、使っている Web サービスの
アカウントなどを通じて、情報漏洩が起こりやすい状態にあるともいえ
ます。

　過去に起こった情報漏洩の要因などを下記にまとめましたので、心当
たりがないかをチェックしましょう。

- 添付ファイルの送信先ミス
- 添付ファイルの取り違え
- 個人情報が含まれるファイルをパスワード設定しないで送付
- 個人情報や機密情報が含まれたファイルの共有や権限設定ミス
- 業務委託先などを通じた情報漏洩
- 公共交通機関や喫茶店、居酒屋等での不用意な会話
- 公衆 Wi-Fi の利用
- 周囲からのパソコンののぞき見（喫茶店等でのパソコン利用時）
- 持ち出し NG のデータや書類の自宅持ち帰り
- 飲み会や帰宅時の、カバンや社用携帯電話、パソコンの紛失
- 喫茶店でトイレに行った際などの、パソコンや社用携帯電話の置き引き
- SNS での不注意な投稿
- オンライン会議等での画面共有ミス
- メール等に添付されたウイルスファイルの開封
- 業務に関係ない Web サイトの閲覧を通じたウイルス感染
- パソコンや Web ブラウザ、ソフトウエアを更新しなかったことによるセキュリティの脆弱化
- 複数のアカウントで同じパスワードを利用
- 簡単なパスワード（誕生日や個人名、会社名など）の利用
- 付箋等でパスワードをパソコンに貼り付け

こんなときどうする?
──オンライン会議のトラブル対応

■ **URL にうまくアクセスできない!**

他の参加者が社内にいれば、同様の状況であるかを確認します。先方には時間に余裕をもって連絡しましょう

■ **マイクに音声が入らない!**

チャット機能を利用してマイクの不具合を伝えましょう

■ **相手の音声に雑音が入って声が聞こえない!**

「音声が少々聞こえにくかったのですが、〇〇の後から、もう一度おっしゃっていただけませんか?」と依頼しましょう

■ **意見があるのに会話に入れない!**

挙手機能を利用しましょう

■ **在宅勤務での会議中に宅配便が届いた!**

会議を最優先し、対応しません

第 6 章

来客対応

27

来客対応の基本

- ✔ 来客対応は会社の印象を左右する
- ✔ 迅速、正確、公平な対応を心掛ける
- ✔ 自分宛ての来客がある際は入念に準備する

1 来客対応の心構え

会社を訪れる人にどういう対応をするかで、会社の評価が決まります。

会社の印象を左右するという自覚を持って、「迅速」「正確」「公平」な対応を心掛けましょう。

■迅速

- お客さまが来たら、すぐに笑顔であいさつをする
- お客さまを長時間待たせない（5分以上待たせるようなことがあれば、お客さまに状況を報告する）
- 不意の来客でも「会ってやる」といった尊大な態度で接したりしない
- 来客対応が自分の役割であれば、予定されている来客、面談予定者、案内場所などを事前に把握しておく
- オフィスの入り口や構内などで迷っているお客さまがいたら、すぐに声を掛け「ご用件は伺っておりますか？」「どちらへお訪ねでしょうか？」と聞く

■正確

- お客さまから名刺をもらったら、その場で会社名と名前を復唱して確認する
- 名指し人の部署名、名前を復唱する。用件なども必要に応じてメモを取る
- 分かりやすいはっきりとした話し方で応対する

■公平

- お客さまを見かけや身なりで判断せずに、どのお客さまにも丁寧に、誠意をもって応対する
- 公平を期しながらも、優先順位を考えて応対する
- アポイントがあり、時間どおりに来社したお客さまを最優先する
- アポイントがない場合は、お客さまに名指し人の状況は伝えず、いったん待ってもらった上で、名指し人に「○○会社の□□部長が△△の用件でお見えですが、いかがいたしましょうか」と確認してから取り次ぐ

2 来客がある際の準備

事前に来客が分かっている場合は、直前に慌てることがないように必要なことを準備しておきましょう。特に、会議室や応接室は早めに予約しないと埋まってしまうこともあり得ます。

- 必要に応じて、会議室や応接室などを予約する
- 資料の用意、（必要な場合）飲み物の準備をしておく
- お客さまが来たら、すぐにあいさつできるようにする
- 来社予定時刻前に再度スケジュールを確認する
- 上司に同席してもらう場合には、上司のスケジュールを確認しておく（上司は直前まで来客や会議などが入っていることも多い。上司の直前の予定が長引きそうな場合は、確認して上司にメモを入れる、伝言を残していったんは自分だけで対応するなどする）

28

受付での応対と案内の仕方

- ✓ 会社を代表していることを意識する
- ✓ 受付時のパターンを覚える
- ✓ 案内は心配りが重要

1 受付での応対

　受付の流れは、基本的には次のとおりです。自分が会社を代表していることを意識して応対しましょう。

① お客さまが来たら必ず立ち止まり、笑顔であいさつをする

② 名刺を差し出されたら両手で受け取り、復唱する。名刺をもらわない場合はメモを取る

③ お客さまに返答する

　「〇〇株式会社の△△様でいらっしゃいますね」「いらっしゃいませ」

④ 応対方法

- アポイントがある場合：「お待ちしておりました。△△様でございますね。少々お待ちくださいませ」
- アポイントなしの場合：「△△様でございますね。恐れ入りますが、どのようなご用件でしょうか」「ただ今確認いたしますので、少々お待ちくださいませ」
- 名指し人不明：「恐れ入りますが、ご用件をお聞かせいただけますでしょうか」

⑤ お客さまに返答する

　せっかく来てもらったお客さまに、名指し人が面会できない旨を伝える場合には、丁重におわびをする。場合によっては、代理の者が対応してもよいかなどを尋ねる。

　「誠に申し訳ございませんが、〇〇は所用があり、本日はお目にか

かれないと申しております」「申し訳ございません。○○はただ今外出しておりますので、ご用件を承ります」

2 案内の仕方

① 案内することを伝える
- まずお客さまに行き先を告げ、お客さまの2、3歩左前を歩く

② 案内する
- 「こちらでございます」などと、手で指し示す
- エレベーターに乗る場合は、「お先に失礼いたします」と言って先に入り、開ボタンを押しながら招き入れる（手でドアを押さえながら、先にお客さまに乗っていただく形でも可）。降りる際は、「どうぞ」と言って開ボタンを押して、お客さまに先に降りてもらう
- 階段やエスカレーターでは、上るときも下りるときもお客さまの前に立つ

③ 案内場所に着いたら（応接室などの場合）
- ドアを開ける際には必ずノックを3回する
- 「失礼いたします」と言ってドアを開け、お客さまを通す
- 引いて開くドアの場合はお客さまを先に通す
- 押して開くドアの場合は「お先に失礼いたします」と言って先に入り、ドアを押さえて「どうぞお入りください」と招き入れる
- お客さまが傘やコート、大きな荷物を持っている場合には、状況に応じて声を掛けて預かるか、ハンガーラックを使ってもらう
- 「どうぞあちらにお掛けください」と、上座（ 29 参照）を指して着席を勧める
- 「○○は間もなく参りますので、少々お待ちください」と伝える
- お客さまが席に掛けたことを確認した後、「失礼いたします」と会釈して退出する
- 「使用中／空室」のプレートがあれば、「使用中」に変える

29

席次の基本とお茶出し

- 上座とは、部屋の中で一番居心地の良い場所
- 出入口から遠く、絵画等が見える席が上座の目安
- オフィスのレイアウトは事前に確認する

1 上座・下座の考え方

　お客さまを応接室などに案内した際は、上座に座ってもらうように案内します。上座とはその部屋の中で一番居心地の良い場所のことです。洋室、和室ともに出入口から遠いところで、絵画や置物などがよく見える席が上座の目安です。逆に、出入口に近い側が下座です。オフィスのレイアウトなどによっても異なるので、それぞれの職場で事前に確認しましょう。

2 お茶出し

　ビジネスの商談内容には直接関わりありませんが、飲み物には喉の渇きを癒やして緊張を適度にほぐす効果があります。スマートなお茶のおもてなしで、来社に対する感謝の気持ちを表しましょう。

① 湯呑みと茶たく（受け皿）は分けてお盆に載せ、運ぶ

　※ペットボトルで飲み物を出す場合は紙コップを添えると親切です。

② サイドテーブルがあればその上にお盆を置き、一つずつ湯呑みを茶たくに乗せて両手で出す（サイドテーブルがなければ、テーブルの端にお盆を置くか、片手で出す）

③ 上座のお客さまから先に「どうぞ」と声を掛けながら勧める。原則としてお客さまの右後ろ側から出す

　※お客さまの右後ろ側に回れない場合などは、「横からで失礼いたします」などと一言添えて出します。

(1) 会議室

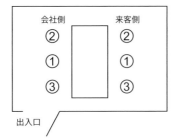

出入口から遠い側の列、中央の席が上座

(2) 一般的な応接室

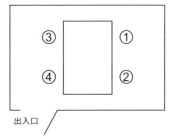

基本的に出入口に一番遠い席が上座、
一番近い席が下座

(3) 長椅子のある応接室

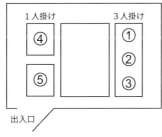

出入口から遠い奥の席が上座
長椅子と肘かけ椅子があるときは長椅子が上座
(ソファの場合は真ん中ではなく一番奥が上座)

(4) 和室

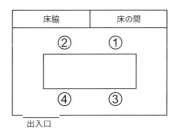

床の間に近い位置が上座、床脇が次席

④ 湯呑みの絵柄はお客さまの正面に見えるように置く。茶たくに木目が
　ある場合は、お客さまに平行になるように出す

⑤ お盆の裏を体に付けるようにして脇にかかえ、「失礼いたします」と
　あいさつし、ドアの前で会釈をして、そのまま背を向けずに静かに退
　室する

30

名刺交換

- ✅ 名刺交換は第一印象を刻み込む瞬間
- ✅ 相手の名刺は丁寧に扱う
- ✅ 普段から名刺の用意を欠かさない

1 名刺交換はなぜ行うのか

　そもそも名刺交換はなぜ行うのでしょうか。そして、なぜこんなにも名刺交換は重要視されるのでしょうか。それは、名刺交換は初対面のあいさつのタイミングで行うものであり、自分自身の顔と名前をしっかり覚えてもらう絶好の機会だからです。

　さらに、相手の名刺の情報は会社の資産になります。最近では、名刺管理サービスを使って、営業のための大切な情報として活用している会社も増えています。単に受け取って終わりではなく、受け取った名刺をどう管理するかについても上司に確認しましょう（仕事上で受け取った名刺は会社の財産です。個人のものではないので注意しましょう）。

　なお、名刺を忘れたり切らしたりするのは厳禁です。必ず外出前には名刺入れに入っている名刺の枚数を確かめ、相手が複数人の場合もあるので多めに用意しましょう。また、常に名刺入れ以外の場所に名刺の予備を用意しておきましょう。

2 名刺交換の注意点

[1] 名刺の差し出し方

- 相手の人数分の名刺を名刺入れから事前に出す
- 立ち上がって自分から先に名刺交換する（座ったまま交換しない）
- 複数人同士で名刺交換する場合、役職が上の人同士から交換する
  ①自分の上司　↔　訪問先の上司

②自分の上司　↔　訪問先の担当者

③自分　　　　↔　訪問先の上司

④自分　　　　↔　訪問先の担当者　の順で交換

- 名刺は相手が文字を読める向きで差し出す
- 自分の名刺は右手で持ち、相手より低い位置に差し出す
- 渡しながら、笑顔で相手を見て、会社名と名前を名乗り「よろしくお願いします」と申し添える

[2] 名刺の受け取り方

- 受け取る場合は、両手で、文字に指をかけないように下の端を持つ
- 相手の名刺は胸の位置で持ち会釈して、「頂戴します」と一言添える
- 相手の姓名などが読めない場合は「恐れ入りますが、何とお読みすればよろしいでしょうか」と尋ねて確認する
- 着席したら、相手の名刺は自分の名刺入れの上に乗せ、机に置く。相手が複数人の場合、役職が一番上の人の名刺を自分の名刺入れの上に乗せ、他の人の名刺は机の上に席の順に並べておく
- 相手の名刺は面談終了までしまわない

①名刺を差し出す向き
（相手に見やすい向きで）

②相手より低い位置に差し出す

③右手で名刺を差し出し、
左手で受ける

④右手も添えて受け取る

31

見送りと後片付け

- ✓ お客さまを見送る場所は職場と状況によってさまざま
- ✓ お客さまに良い気分で帰っていただく
- ✓ お客さまの忘れ物を確認する

1 見送り

　お客さまを見送る場所は職場によってさまざまです。オフィスビルなどであればエレベーターホールが一般的ですが、玄関で見送る場合もあります。お客さまに最後まで良い気分で帰っていただけるように、感謝の意が伝わるよう見送りをしましょう。各場所での見送りの仕方は以下のとおりです。

［1］エレベーターホール

　エレベーターが到着したら、ドアが閉まらないように外でボタンを押しながらお客さまに乗っていただきます。ドアが閉まる前に、再度お礼の言葉を伝えてお辞儀をし、ドアが完全に閉まってエレベーターが動き出すまでお辞儀をしたままで見送ります。

［2］玄関

　お客さまを玄関で見送るときには、玄関の外で「本日はありがとうございました」と最後のあいさつをします。お客さまが徒歩の場合でも自動車（タクシー）の場合でも、お客さまの姿が見えなくなるまでお辞儀したままで見送ります。

2 後片付け

　お客さまが帰った後は、お客さまの忘れ物がないかを確認しましょう。忘れ物があった場合には面談した担当者に連絡します。自分が担当者であれば先方に連絡をし、返却するまで保管しておきます。

① お客さまの忘れ物がないかを確認する
② 湯呑みやペットボトル、紙コップ等を片付け、テーブルを拭く
③ 換気をし、テーブルや椅子、備品を元どおりにする
④「使用中／空室」のプレートがあれば、「空室」に戻す

来客対応チェックリスト（まとめ）

【事前準備】
□会議室・応接室は、きれいな状態になっていますか
□会議室・応接室の室温は適切ですか、換気はできていますか
□椅子は人数分ありますか
□ホワイトボードのペンは全部使えますか

【受付】
□笑顔であいさつができていますか
□アポイントの有無を確認しましたか
□お客さまの会社名、名前、用件を尋ねましたか
□きちんと復唱できていますか

【案内】
□廊下を歩くとき、お客さまの２、３歩左前を歩いていますか
□エレベーターでは自分が操作ボタンの前に立ち、お客さまが乗り
　降りするときは手でドアを押さえていますか（開ボタンを押す形
　でも可）
□会議室に入室する際、ドアを３回ノックしていますか
□上座の位置を把握していますか

【見送り】
□エレベーターホールで見送る際、ドアが閉まるまでお辞儀をして
　いますか
□来訪のお礼をきちんと伝えられていますか

第 **7** 章

顧客等への訪問

32

訪問時の心構えと受付での対応

- ✓ アポイント日時を勘違いしないように確認する
- ✓ 訪問先の場所、交通手段、移動時間を事前に調べる
- ✓ アポイントの5分前には受付に到着する

1 訪問するまで

　慣れないうちは、お客さまのところへ訪問することは緊張するものです。緊張を和らげるには、しっかりと準備をすることです。最初のうちは上司や先輩に同行する形で勉強させてもらうことが多いと思いますが、単独で訪問することを想定して、きちんと準備するようにしましょう。訪問するまでの流れは、下記のポイントを押さえましょう。

① 事前に先方に都合を聞き、アポイントを取る。訪問日時は、例えば相手が個人や飲食店であれば食事時やピークタイムを避けるなど、相手の迷惑にならないようにする

② アポイントを取った日から訪問日まで1週間以上空いた場合などは、訪問日の前日に確認のため再度連絡を入れる（メールを送るだけで日時の勘違いなどを防げる）

③ 訪問先の電話番号、住所、正確な会社名を確認し、訪問先までの交通手段や移動時間も調べておく。万が一、携帯電話の故障などトラブルが起きても先方と連絡が取れるよう、部署・担当者名や電話番号は手帳などに控えておく

④ 用件に関する資料を用意する。先方に渡すものは会社の封筒に入れて持参する

⑤ 名刺や必要資料などの持ち物、身だしなみをチェックする

⑥ 遅刻は厳禁。初めての訪問先であれば15分前には現地に到着しておくようにする（交通機関の遅れなどを想定して余裕をもって出発す

る）。やむを得ない事情で遅れる場合は、速やかに先方に連絡を入れる

⑦ こちらの都合で予定を変更してもらう場合は、すぐに連絡を取ってあらためて日時を設定してもらう（当日になっての連絡はNG。連絡なしの欠席はビジネスパーソンとして失格）

2 受付と案内

　訪問して受付を済ませる際に幾つか押さえたいポイントがあります。意識しなくてもできるようになるまでは、メモなどに注意点を記して見返すようにするとよいでしょう。

① 訪問先に到着したら、身だしなみを整える。コートを着ている場合は、先方のオフィスやビルへ入る前に脱いで三つ折りなどにし、片腕にまとめて持つ

② 携帯電話は電源を切るか、マナーモードにする

③ アポイントの5分前には、受付に到着するようにする（受付で面会表の記入や入館証の手続きで時間がかかる場合もあるので要注意）

④ 受付で用件を伝える

　　例）「私、○○株式会社の△△と申します。本日10時に◎◎課の××様にお目にかかるお約束をしております。お取り次ぎ願えますでしょうか」

　　　無人の電話受付の場合は、内線番号表を確認して訪問先の部署にかけ、取り次ぎをお願いする。また、雑居ビルなどで直接オフィスのドアをノックするようなケースでは、はっきりとした大きな声で「失礼します。私、○○株式会社の…」という形で用件を伝える

⑤ 面談相手に取り次いでもらったり、案内されたりしたときは、お礼を言う

33

応接室・商談中の振る舞い

- ✓ カバンはお互いの邪魔にならない足元に置く
- ✓ 名刺は訪問した側から先に渡す
- ✓ メモを取りながら話を聴く

1 応接室での振る舞い

　訪問すると、受付後は応接室（スペース）に案内されることが多いでしょう。応接室での振る舞いもビジネス上の慣例があるので、一つひとつ押さえていきましょう。

① 応接室に通されたら、最初は入り口近くに立って待ち、その後、勧められたらその位置に座る。特に指定がない場合は下座（ 29 参照）に座る

② 面談相手が入室したら、すぐ立ち上がってあいさつできるように浅めに腰掛け、足音やノックの音に耳を傾けておく

③ カバンはお互いの邪魔にならない足元に置く。また、必要な資料や書類は取り出しやすいように準備しておく

④ コートは畳んで自分が座っている場所の横に置く（雨などでぬれている場合は周囲をぬらさないように内側に畳む）。ハンガーラック等があり、案内時に使うように勧められた際は使う

⑤ 初対面の人と会う場合は、名刺を準備しておく

⑥ ノックの音が聞こえたら、返事をしてすぐに立ち上がる。出入口側のスペースで面談相手に向き合ってあいさつをする

⑦ 名刺交換（ 30 参照）は立って行うことが基本。名刺は、自分（訪問者）から先に渡す（可能な限り、机越しの名刺交換にならないように、机の脇に回り込む）

⑧ 名刺交換が済んだ後、着席を勧められたら、お礼を言って座る。勧め

られる前に座るのは NG

⑨ お茶を出されたときは、勧められてからお礼を言って飲む。上司が同行している場合は、上司が口を付けてから飲む

2 商談中の振る舞い

商談中のあなたの態度が、商談の成否を決めるともいえます。お互いに気持ちよい時間を過ごせるように基本を押さえましょう。

① 相手の話は、相手の顔を見ながら相づちを打つ、また、要点をメモするなど、話に集中しているという姿勢を示しながら聴く

② 用件は分かりやすく簡潔に話す

③ 相手の意見に賛成できなくても、尊重し、受け止めてから自分の意見を言う

④ 資料や物を指し示すときは指先をそろえ、手のひらを上に向けて示す

⑤ 知らないことや判断に迷うことを尋ねられた場合は、即答を避ける。（帰社して）上司・先輩に確認後、速やかに先方に回答する

謝罪やお詫びで訪問するケースの注意点

時には、謝罪やお詫びで顧客先などを訪問することもあります。基本は通常の訪問と同じですが、特に以下のような点に注意しましょう。

① **服装**…濃い紺色やチャコールグレーなどの落ち着いた色で無地のスーツ、白いシャツが基本。ネクタイも濃い青やグレーなどで無地や小紋柄など、落ち着いたデザイン。腕時計やアクセサリーも派手なものは避ける

② **手土産**…お詫びの際には、菓子折りなどの手土産を持っていく場合もある。持っていくべきかは上司や先輩に相談して指示に従う

③ **応接室**…先方が入室するまで座らずに直立不動で待ち、先方が入室したら、まずはお詫びの言葉を述べる

34

辞去・訪問後のお礼

- ✓ 商談は約束の時間内に終わらせる
- ✓ 上司や先輩に同行する際は、サポート役に徹する
- ✓ お礼のメールは、原則として当日中に送る

1 辞去に当たって

商談終了時や終了後も相手への配慮は怠らないようにします。

① 長居せず、商談は約束の時間内に終わらせる

② 商談の最後に、合意した内容や次回までの確認事項・約束などについて再確認する

③ 用件が済んだらタイミングを計って、訪問した側から辞去を申し出る

④ 商談が不首尾に終わった場合でも、時間を割いてもらったことに感謝して、あいさつは丁寧に行う

⑤ 忘れ物をしないように注意する

⑥ エレベーターホールまで見送られた場合、エレベーターに乗って再度あいさつし、ドアの閉ボタンを押す。ドアが閉まるまでお辞儀したままにする

⑦ 玄関まで見送ってもらった場合は、丁寧にお辞儀をしてから去る。扉を出たら振り返って再度一礼する

⑧ コートは訪問先の建物を出るまで着ない

⑨ 訪問した会社の建物や敷地を出るまでは、面識がなくてもすれ違った人に会釈をする

2 上司や先輩に同行した場合の心得

商談では上司や先輩に同行することもあるでしょう。その際は、商談がうまくいくようにサポートをします。

① 上司や先輩と外出する際は、待たせないように万全の準備をしておく

② 資料などの荷物がある場合には、自分1人で運びきれない場合を除いて上司や先輩には持たせない

③「歩くとき」「入退室するとき」「車に乗るとき」「名刺交換をするとき」は上司や先輩が先

④ 商談（面談）中はタイミングよく資料を用意し、要点をメモするなどの配慮をする

⑤ 商談（面談）中は、上司や先輩からの指示がない限りは態度を控えめにする

　なお、初めのうちは「上司や先輩に同行する」形ですが、次第にあなたの訪問に「上司や先輩が同行してくれる」形になるでしょう。この場合は、事前にどこまで自分が中心になって商談を進めるかなどを確認して、積極的に商談を進めましょう。成長の機会をもらった際に、上司や先輩に頼りっぱなしになってしまうと、いつまでも成長できません。

3　訪問後のお礼と定期的な連絡

　訪問後は、商談のお礼のほか、商談で合意した内容の確認や次回アクションのリマインドをメールもしくは電話で行うようにしましょう。メールであれば文章として残るため、お互いに商談の内容を振り返りやすくなります。お礼のメールは、原則として当日中に送りましょう。次回までに自分が行わなければならないことは、カレンダーに納期を記載して漏れがないようにし、作業時間の確保もセットで行うとよいでしょう。

　お客さまとの関係は一度ではなく、何度も繰り返すうちに深まっていくものです。丁寧かつ納期を守る対応ができなければ、担当者を変えるように言われてしまったり、場合によっては取引が打ち切られてしまったりすることもあるでしょう。訪問しての商談は非常に大切な営業活動であり、お客さまとの重要な接点ですが、訪問後の対応や定期的な連絡などが信頼感の醸成につながることも忘れてはいけません。

35

会食の心得

- ☑ 相手に気持ちよく楽しんでもらう
- ☑ 行き過ぎたもてなしは逆効果
- ☑ 招待される側にもマナーがある

1 招待する側のマナー

　最近はテレワークの広がりから対面する機会が減ってきているほか、コンプライアンスに従って過度な"接待"なども減少しています。ただし、業界や仕事によっては顧客やパートナーと"会食"をする機会もあるでしょう。会食は、ビジネスを円滑に進めるために行うものであり、相手に楽しんでもらわなければ意味がありません。一般的な常識や節度を守って、お互いに気持ちの良い時間を過ごせるように心掛けましょう。

① 会食の目的を認識する

　　例）相手と懇親を深めたり、お互いの関係を維持・強化したりするため

② 相手に楽しんでもらう

- リラックスした雰囲気で：会食はビジネスの一部ですが、それが前面に出過ぎては NG です。あくまでも"もてなしの心"に徹するようにします。

- 心を開いて楽しい態度で：あまり生真面目な態度で応対されると、相手も気詰まりです。招待する側もリラックスし、楽しそうに振る舞います。

- 礼儀と節度を忘れない：招待する側、される側のけじめを忘れないようにします。

③ 招待相手に負担を掛けない

- 商談の話を露骨に出さないようにする：招待した相手にリラックスしてもらう上では、あまり精神的な負担を掛けないことも大切で

す。相手に露骨な"下心"を見せたり、"見返り"を期待したりすると、せっかくの会食も逆効果です。

会食での対応チェックリスト

□お店選びは、「先方の好み」「アレルギーや NG な食材」「先方の会社からの距離」「使える予算」などを考慮する

□前日もしくは当日の朝に、相手とお店の両方に確認の連絡を入れる

□当日は相手より先にお店に到着しておき、店の入り口で出迎える

□食事の注文や手土産の用意、会計など、社内で役割分担を事前に決めておく

□相手の様子に常に気を配り、グラスが空の時は「お飲み物はどうされますか」と声を掛ける

□会計は相手から見えないところで済ませる

□手土産はお見送りする際に渡す

□高価過ぎる手土産は避ける

□必要に応じてタクシーを手配しておく

□タクシーチケット等を渡す場合は封筒に入れて乗車時に渡す

2 招待される側のマナー

仕事では、自分が会食の誘いを受ける場合もあります。上司に相談の上、応諾の可否を判断しましょう。

① 会食の招待を受ける場合の心得

- 返事は即答せず、上司に相談した上で返事をします。上司の許可が出たら、出席の返事をなるべく早めにします。

② 会食の断り方

- 取引の手段と分かる会食は断る：会食の目的が取引を有利に進めるための手段であることが分かる場合は注意しましょう。自分では判断せず、上司の指示を仰ぐことが重要です。

- 断る時ははっきりと早めに：仕事上日程の都合がつかない時は素直

に断ります。また、気が進まない会食は、仕事の多忙などを理由として、誘いに対するお礼と謝意を表明して断ります。

③ もてなしを受ける場でのマナー

- 調子に乗って度を越さない：お酒を飲み過ぎて気が緩み、社外秘の情報を口走ったり、取引関係を背景に偉そうにしたりするのは絶対にしてはいけません。相手が目上であれば、"先方の経験談などを聞かせていただく"ぐらいの姿勢が良いでしょう。

- リラックスして楽しむ：反対に、せっかく招いてくれたのにかしこまり過ぎた態度になるのもよくありません。会食を楽しみましょう。

- さわやかに切り上げる：楽しい交歓が続いても、ほどほどの時刻を見計らって、招待された側から終わりのあいさつを切り出します。さわやかな辞去が良い印象を残すポイントです。

第 **8** 章

知っておくべき
働き方の基本

36

出退勤時のマナー

- ✅ 時間にゆとりを持って出社する
- ✅ 出退勤のあいさつは大きな声で丁寧に
- ✅ 遅刻・欠勤の際は理由を添えて、速やかに連絡する

1 通勤・出社時の注意点

　朝の通勤時、特に公共交通機関を利用する場合は、遅延が発生することも珍しくありません。そのため、余裕を持って会社に着くようにしましょう。時間に余裕があると、気持ちにも余裕が生まれます。始業10分前に仕事の準備を始めることができると、落ち着いた状態で始業を迎えられるでしょう。また、通勤時も、自分は組織の一員であり、組織の顔であることを忘れず、言動や公共マナーなどに注意し、周囲への配慮を欠かさないようにしましょう。

　会社に到着後は、「おはようございます！」と明るく元気にあいさつをしましょう。あいさつは人間関係をつくる上で基本となるコミュニケーションです。コミュニケーションや人間関係づくりが苦手な人ほど、きちんと声を出して、目を見てあいさつをすることが効果的です。

　公共交通機関の大幅な遅延や急な体調不良などで遅刻・欠勤を伝える必要がある時には、速やかに理由を添えて連絡しましょう。連絡方法は会社や部署ごとに基本ルールがあるはずなので必ず確認しましょう。原則として電話で伝えることとされている場合もあれば、直属の上司と総務宛てにメールで伝える決まりになっている場合もあるなど、会社によってさまざまです。

　「電話で連絡するのがルール」だと思っている上司に、メールやチャットのみで連絡すると、思わぬ悪印象につながる場合もあります。そんなところで人間関係を損ねるのはもったいないので、自分の感覚で判断し

ないようにしましょう。

〈遅刻や欠勤を伝える例〉

- 人身事故により○○線が30分以上遅れています。運転再開後も通常より時間がかかるようです。そのため、出社が9時30分ごろになりそうです。

- 昨日の夜から○○度の熱が続いており、申し訳ありませんが、本日は休みをいただきます。午前中に病院に行って、原因が分かり次第、本日中にまた連絡します。

2 退勤時の注意点

退勤する時まで仕事をするのが基本です。終業時刻前に片付けを始めたり、身支度を整えたりするのは避けましょう。退勤時、まだ職場に人が残っている場合は「お先に失礼します」とあいさつをして帰るようにしましょう。

なお、退勤前に以下のことをチェックしてから仕事を終えましょう。

① 今日終わらせるべき仕事が終わっているか

② 上司への必要な報告を済ませているか、抜け漏れがないか

③ 明日の仕事の準備はできているか

④ デスクの片付けはしたか

以前は残業や長時間労働を美徳とする文化の会社が多くありましたが、今では社会全体が残業や長時間労働を減らす方向に動いています。周囲と協力する、自分の生産性を高める、業務時間に集中することで、時間内できちんと仕事を終わらせるように心掛けましょう。もし自分の仕事が予定より早く終わった場合は、周囲を見渡し、自分に手伝えることがないか聞いてみるといった気配りもできるとよいでしょう。

37

コンプライアンスとダイバーシティ

- ✅ 第三者や外部に堂々と伝えられるかを常に意識する
- ✅ 多様性や異なる価値観が新たなアイデアにつながる
- ✅ 一人ひとりの行動が組織の受容性を高める

1 コンプライアンスを守る

　コンプライアンスの元々の意味は「法令遵守」です。ただ、昨今は法令などを守るだけでなく、社会倫理を守ることも含めてコンプライアンスであるという認識が広がっています。社会に対し"企業"の与える影響が大きくなっている中で、企業の社会的責任を追及する風潮、また個人情報の保護をはじめとして個人の権利を守ろうとする意識が非常に強くなっています。

　コンプライアンス違反はニュースなどでも取り上げられ、企業のブランドイメージや信頼を壊します。最近では、SNSなどで個人や企業が炎上している例を見たことがある人は多いと思います。SNSの普及によってコンプライアンス違反が一瞬で世の中に広まり、炎上する傾向が強くなっています。

　コンプライアンスを守ることは決して難しいことではありません。研修などで教えられる基本的な法令をきちんと知って守ること、そして、「相手に直接言えるか？」「顧客の前でできるか？」「家族や友人に胸を張れるか？」という視点を持ち、健全な常識を働かせることが大切です。

2 多様性を受け入れ、新たなアイデアにつなげる

　近年、ダイバーシティ（多様性）という言葉を聞く機会が増えてきています。自分を含め、さまざまな価値観を持った人の集合体が組織であり、会社です。個人の価値観も多様化していますし、文化的な価値観が

　異なる海外の方と共に働くことも増えています。自分自身の価値観を知り、自分以外の多様な価値観を受け入れることで、シナジー（相乗効果）やイノベーション（革新）を創り出すことができます。

　コンプライアンスと同様、「ダイバーシティ」の指し示す範囲は広がってきており、Diversity（ダイバーシティ：多様性）に Equity（エクイティ：公平性）・Inclusion（インクルージョン：包括性）を加えて、DEI（ダイバーシティ・エクイティ・インクルージョン）という考え方も出てきています。

　異なる価値観を持った個々人がチームに受け入れられていると感じ、スキルや強みが存分に発揮され、公平・公正にみんなが扱われている状態を指す言葉です。

配慮がない状態

平等

公正

環境

公正な状態では全員が景色を見ることができます。
さらに、環境を工夫することでも見やすくなります。

38

テレワーク（在宅勤務）

- ✓ 主体的なコミュニケーションが求められる
- ✓ 自己管理ができないと成果が上がらない
- ✓ 健康管理やタスク管理に注意が必要

1 テレワークと出社時の仕事の進め方の違い

　テレワークは、働く個人にとっては出勤の必要がなく、ワーク・ライフ・バランスを実現しやすい制度です。一方で、出社勤務の場合、自らが働き掛けなくても周囲から声を掛けてもらえる機会もあるでしょうが、テレワークになると、そういった機会は限られてしまいます。自分から主体的にコミュニケーションを取りにいかなければ、分からないことが分からないままになってしまい、社内の交流も広がっていきません。テレワークでは、出社時以上に報告・連絡・相談、チームや部署外への積極的な働き掛けが重要です。

テレワークにおいて心掛けたいコミュニケーションの注意

①こまめに報告・連絡する	ビジネスチャットやグループウエアでのテキストコミュニケーションであれば、相手の集中を妨げる心配などもないため、報告・連絡をこまめにしましょう。
②積極的に質問・相談する	新入社員のうちは、分からないことや相談したいことが多いものです。テレワークの場合、"目の前"に先輩や上司がいないため、自分1人で考え込んでしまい、手が止まってしまう傾向があります。「遠慮なく質問や相談ができるのは新入社員のうちだけ」と考えて、積極的に質問・相談をしましょう。

2 テレワークにおける自己管理

　テレワークでは周囲の目が及ばないからこそ、自己管理が求められます。そもそも自己管理ができなければ、成果を上げることはできません。

また、テレワークでは、普段の働きぶりが見えにくいため評価も成果（結果）重視となりがちです。

　テレワークが向いているかは、本人の性格やタイプによります。自己管理が得意で集中して仕事をしやすいテレワークが向いているタイプの人もいれば、人とのコミュニケーションを通じてモチベーションを維持・向上したりするタイプの人もいます。後者のタイプの人は、テレワークはストレスがたまりがちで、適度に出社するほうが円滑に仕事を進められるかもしれません。テレワークの導入状況は会社や部門によって異なるものの、社会全体で働き方の多様化が受容されつつある中で、自分のパフォーマンスが上がる環境を見定めましょう。

テレワークで押さえておきたい自己管理のポイント

①適度に外出する・身体を動かす	出社の必要がないテレワークの場合、極端に外出が減ってしまう人がいます。身体を動かすことや日光を浴びることは、心身の健康を維持するために大切です。朝や夜に散歩の習慣をつくるなど、適度に外出して身体を動かす習慣を持ちましょう。
②意識的にコミュニケーションを取る	1人暮らしでのテレワークの場合、「仕事でのオンライン会議以外は、ほとんどしゃべらない」ということも起こりがちです。タイプにもよりますが、心の健康を維持する上で人とのコミュニケーションは不可欠です。1人暮らしの人は、特に意識的に人とのコミュニケーションを心掛けましょう。
③「仕事」のスイッチを意識的にオン・オフする	テレワークの場合、通勤する・職場に入るという行動がないため、出社時と比べて「仕事」のスイッチの"オン・オフ"の区別がつきにくくなります。集中できないままダラダラと仕事を始めてしまったり、逆に仕事が終わっているのに気が休まらない状態になったりしないように、意識的にスイッチのオン・オフを行いましょう。着替える、コーヒーを入れる、体操をする、軽く散歩するなどの動作にひもづけることがお勧めです。
④自分なりのタスクや納期管理を徹底する	テレワークでは、上司や先輩が「あの仕事どうなった？」などと声を掛けてくれる機会が減ります。タスクや納期は必ず1カ所で管理するほか、会議やメール、口頭などでタスクが発生したら必ず管理ツールに記載して抜け漏れがないようにしましょう。

第 **9** 章

仕事との向き合い方

39

報告・連絡・相談の考え方

- ✅ 報告・連絡・相談（報連相）は仕事の基本
- ✅ 報連相は「多いかな？」と思うぐらいが適量
- ✅ 結論から話し、悪いことほど早く伝える

1 報告・連絡・相談（報連相）は仕事の基本

　「報連相」は仕事の基本です。「コミュニケーションはあまり得意じゃない…」という人も、適切な報連相ができていれば、仕事におけるコミュニケーションとして、まずは合格水準です。逆に、上司から「○○さん、あの件はどうなった？」と聞かれたら、あなたの報連相は十分ではないということです。

　どんな仕事も、自分1人で完結するものはありません。特に新入社員のうちは、上司や先輩の手を借りて成果を上げることが多いでしょう。組織として仕事を進める上で、関係者と情報を適切にやりとりすることは基本となる重要事項です。

　適切に報連相を行うと、周囲のサポートが得られて仕事がスムーズに進み、人間関係が円滑になり、自分の成長も加速します。報連相をしやすくするためにも、普段から周囲とのコミュニケーションを大切にしましょう。報連相をしない人は周囲とのコミュニケーションが減り、それに伴ってどんどん報連相をしにくくなるという悪循環に陥ります。勇気を持って報連相を積極的に行い、好循環をつくりましょう。

2 報連相の使い分け

① **報告**（業務の進捗を伝える）
　　──簡潔に／事実を正確に／タイムリーに
　　・業務指示があれば、必ず実施報告が必要（報告は義務）

- 業務が終わった際など、指示された相手にただちに報告する
- 報告する際は、事実と自分の意見を明確に区別する
- 長期にわたる業務の場合は中間報告をする

② **連絡**（関係者に情報を共有する）
——相手の立場や状況を踏まえて／すべての関係者へ／継続して
- 連絡は気配り
- 自分が知った情報を、業務に関係する人に共有する
- メールやビジネスチャット等をうまく活用する

③ **相談**（疑問に対して助言を請う）
——事前にポイントを整理して／自分の意見を添えて／相談相手を選ぶ
- 相談は上司や先輩の力を借りること
- 自分では判断できないと思ったら、すぐに相談する
- 自分の仮説や意見を持って相談する
- 自分はどうしたいか、何の助言が欲しいかを明確にする
- 相談して行動した結果は、相談相手にも共有して感謝を伝える

3 報連相の達人になるには？

どういう報連相を好むかは人によって異なります。上司に合わせた報連相をするために「私の報連相の仕方で問題があったら（リクエストがあれば）ご指摘ください」と確認してみましょう。そうすると、お互いに気持ちよく仕事をすることができます。以下のポイントを意識して、報連相の達人を目指しましょう。

① 結論から話す
② 事前に内容を整理する
③ 頻度が適切かを考える
④ タイミングが適切かを考える
⑤ 自分の考えをしっかり持つ
⑥ 悪いことは１秒でも早く伝える

40

仕事は協力して進める

- ✅ 1人で抱え込まず、上司や先輩をうまく頼る
- ✅ 共通の目的やゴールを意識して発言する
- ✅ 日頃のコミュニケーションで "信頼貯金" を増やす

1 上司や先輩をうまく頼る

　仕事の大半は、複数の人が関わって進んでいきます。入社直後は、上司や先輩、時には社外の人から教えてもらいながら仕事を進めることになるでしょう。新入社員や若手のうちから成果を出そうと思ったら、上司や先輩の力を "上手に借りる" ことが有効になってきます。周囲のサポートを得るためには、普段から報連相をしっかり行うなどして、信頼を獲得することが必須です。

　上司や先輩に遠慮なく頼れるのは新入社員の特権ですが、同じことを何度も聞いては嫌がられるでしょう。1度目の質問で学び、2度目で確認して、3度目で身に付けるという感覚を持って仕事に臨みましょう。

2 自分の意見を伝える

　仕事を進めていく中で、時には自分と周囲との間で、考えや意見が相違してくることもあります。「新入社員だから」「上司はきっと正しいから」と自分の意見を言わないようにするのは、もったいないことです。異なる視点、特に会社の前例や常識に染まらない新入社員の視点から意見を伝えることで、新たな気づきを上司やチームに与え、より良い方向に進むきっかけとなることもあります。

　また、自分の意見と他者の意見を組み合わせることで、お互いの意見にはなかった素晴らしい新しい考え（第3の案）が生み出されることもあるでしょう。意見を伝える上で大切なのは、相手の意見を否定したり、

批判したりするのではなく、共通の目的やゴールに向かうため、より良い方向に導くために発言するという姿勢です。

〈相手の意見をより深く理解するために有効な表現〉
- 今のご意見は、どのような視点からくるものでしょうか？
- その判断の前提は、どのようなことでしょうか？
- 具体的に言うと、どのようなことでしょうか？
- 勉強のために教えてください

〈自分の意見をうまく伝える際に有効なクッション言葉〉
- 的外れかもしれませんが、
- 違う見方としまして、
- 失礼になるかもしれませんが、
- 私の意見を申し上げてもよいでしょうか？

〈避けたほうがよい表現〉
- それは違います
- おかしいと思います
- 間違っています

3 信頼を得る

　信頼関係とはどうやってできるものでしょうか。信頼関係は「貯金」という考え方をすると想像しやすいです。周囲の一人ひとりに対して、あなたは"信頼貯金"をしています。あなたが相手に誠意ある行動をとることで、信頼貯金は増えます。あなたが約束を破ったり、失礼なことをしたりすれば信頼貯金はなくなってしまいます。信頼貯金がたくさんある状態であれば、相手も多少のことは許してくれるかもしれませんが、貯金が底をついてしまうと、関係修復は難しくなるでしょう。信頼貯金は目に見えないもので、放置しておくと勝手に減っていきます。常日頃から意識して周囲の人とコミュニケーションを取り、信頼貯金を増やしていきましょう。

41

目的・目標設定

- ✓ 「何のためにするのか?」をいつも考える
- ✓ 目標設定が自分の成長を決める
- ✓ 目標設定では「SMART の原則」を押さえる

1 目的と目標の違い

　目標とは、目的を達成するためのステップです。まず「目的」があって、目的に到達するための目印となるステップや指標を示したものが「目標」となります。字のとおりですが、目的が「的(まと)」で、目標は「標(しるべ)」です。目的があってこそ、目標達成に意味が出てくると覚えておいてください。例えば、サンタクロースの目的と目標は次のように考えられます。

目的:子どもたちに夢を届ける、子どもたちを幸せにする
目標:12 月 25 日の朝、子どもが目覚める前にプレゼントを届ける

　目的を持って仕事に臨むと、仕事の質が高まり、仕事が楽しいと思えるようになり、成長したいと考えるようになります。仕事には必ず目的があります。「何のためにするのか?」という仕事の目的を理解し、「そのために自分は何ができるのか?」を常に考えましょう。

2 会社で働く目的を明らかにする

　あなたが今の会社で働く目的を考えてみましょう。考えを深めるためには、「なぜ?」を 5 回繰り返して自問したり(「なぜなぜ分析」と呼ばれる分析方法)、角度を変えて自分に質問したりすることが有効です。例えば、「お金を稼ぐ」という目的が出てきた場合、「どうしてお金を稼ぎたい?」「お金を稼いでどうしたい?」「お金を稼いで何を実現したい?」「なぜお金を大切にしたいと思った?」「過去にお金を大切にしたいと思った体験は?」といったように、「なぜ?」を繰り返したり、角度を変

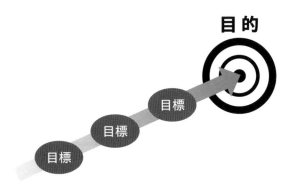

えたりしながら自問することで、多様な視点から考えを深めることができます。

　なお、仕事におけるあなたの目標は、会社としての大きな目的（ミッションやビジョンなど）、そして、会社としての目標（事業計画など）を踏まえて決まるものです。だからこそ、仕事の目標に対して、自分なりの目的を設定（意味づけ）する習慣を持つと、モチベーションを保ちやすくなります。

仕事の目標：四半期で 300 万円の売上

自分なりの目的設定：昇格する、営業社員として自信をつける、採用してくれた○○さんを喜ばせる、達成して気持ちよくボーナスをもらう

3　目標設定における「SMART の原則」

　仕事でもプライベートでも、目標設定をする際は「SMART の原則」を押さえた表現にすると、目標が明確になり、達成率が高まります。

S pecific：具体的である

M easurable：計測可能である（誰が見ても同じように○×がつく）

A chievable：達成可能である（挑戦可能な範囲である）

R elevant：関連性がある（より大きな目標や目的達成につながる）

T ime-bound：期限がある（達成期日が決まっている）

42

会社での人間関係

- ✅ すべての人と仲良くなる必要はないが、信頼関係は重要
- ✅ 人間関係のトラブルが生じた際は早めに相談する
- ✅ 飲み会等の業務以外でのコミュニケーションも良い機会と捉える

1 会社での人間関係を円滑にするには

　会社は正社員、契約社員、派遣社員、アルバイトなど多様な雇用形態、そして幅広い年齢層のメンバーで構成されています。比較的立場や年齢の近いメンバーが多い学生時代の人間関係とは大きく異なります。

　仕事上の人間関係は、円滑であるに越したことはありません。そのためには普段から、周囲に好感を持ってもらうことが大切です。例えば、「目を見てあいさつをする」「自分から話しかける」ということは、毎日の積み重ねが重要です。また、一緒にランチに行くことでお互いの意外な側面を知り、親交を深めることもできるでしょう。すべての人と仲良くなる必要はありませんが、仕事と人間関係は切っても切れないので、少なくとも友好的な関係を保ち、信頼関係を築くよう努力しましょう。

　人を先入観や一面だけ見た印象で判断しないことは大前提ですが、やはり人間なので相性が合わない人も出てくるかもしれません。そういう時は、仕事上の関係と割り切った上で、必要なコミュニケーションは丁寧に取るようにします。自分が苦手だと思うと、相手にも伝わってしまいます。相手の尊敬できるところや強みを見つけるようにしましょう。

2 人間関係のトラブルの対処法

　人と人が同じ空間で過ごす以上、人間関係のトラブルは大なり小なり発生してしまいます。ただ、極力起きないようにしたほうがよいですし、発生した時は深刻な事態にならないように、後を引かないように対処し

かわいがられる部下・後輩になる方法

> ① 上司や先輩の言葉に素直に耳を傾ける
>
> 　　相手のアドバイスが状況に合わなかったり、自分の強みとは違う、ということもあるでしょう。そのような場合も、はなから拒否せず、まずはお礼とともに受け入れ、一度試してみましょう。
>
> ② 何か注意されたら「ご指摘ありがとうございます」と感謝する
>
> 　　"相手からそう見えた"ことは事実ですし、そうした行動を好まない人がいるということも学びになります。
>
> ③ 前向きに成長しようとする姿勢を見せる
>
> 　　前向きに成長しようとする新入社員や若手を、誰しも好ましく思うものです。学ぶ姿勢、成長しようとする姿勢を見せましょう。

ましょう。トラブルの対処のポイントは、以下のとおりです。

- トラブルが起きないように適切な距離感を保つ
- 相談する先を見つけ、1人で抱え込まずに早めに相談する

　会社での人間関係のトラブルにおいて、相談先の基本は上司、上司の上司、または社内の相談窓口や人事、総務部門になります。相談しやすい同僚や先輩に相談しても、組織内で解決する権限を持っていなければトラブルは解決しないことが多いでしょう。勇気がいるかもしれませんが、きちんと解決できる相談先、組織として対応してくれるところに相談したほうが得策です。

3　業務以外でのコミュニケーション

　「飲み会」と聞くと、古臭い印象で拒否感を覚える人もいるかもしれません。しかし、飲み会に限らず、ランチ、移動中や休憩中の雑談など、業務以外でのコミュニケーションは、人間関係を築く上で良い機会です。もちろん強制ではありませんし、自分にとって嫌だと感じる場合であれば、相手に不快な印象を与えないようにしながら断ることも大事です。

第**10**章

仕事で
成果を上げる基本

43

優先順位の付け方

- ✓ 優先順位は「重要度」と「緊急度」の２軸で考える
- ✓ 短時間で済ませられることは、その場で済ませてしまう
- ✓ 「ECRS（イクルス）」で業務を見直し、生産性を上げる

1 時間は有限

　人は皆等しく１日24時間を生きていて、その中でやること・やらないことを判断して生活しています。仕事でも同じです。仕事において「やること」は数え切れないほどあります。その中で、「自分がやるべきこと」を見極めていく必要があります。今すぐやるべきもの、今やっておくと後々価値を生むもの、これらを「重要度」と「緊急度」の２軸で考えていくと、優先順位をつけやすくなります。自分の持っている仕事が、それぞれどのような位置づけになるかを考え、上司や先輩にアドバイスしてもらうとよいでしょう。

〈重要度×緊急度による優先順位の基本〉

- 重要度「高」×緊急度「高」：今すぐやらないといけないもの
- 重要度「高」×緊急度「低」：今やっておくと後々価値を生むもの
- 重要度「低」×緊急度「高」：なるべく減らす、短時間でやりたいもの
- 重要度「低」×緊急度「低」：やらなくてよいもの

　また、すぐに済ませられることはその場で済ませてしまうことも重要です。やるべきことがたまっていくと、心理的ストレスになりますし、抜け漏れなどが生じる可能性も出てきます。優先順位をつけるまでもない、すぐ終わる仕事はその場で片付けましょう。新入社員のうちは"すぐに済ませられるか"を自分で判断できないことも多いですが、仕事を覚えていく中で、判断できるようになっていきます。

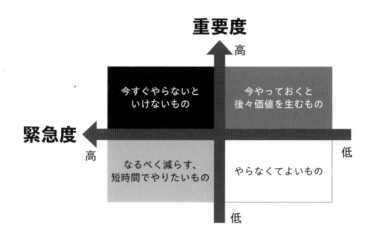

2 自分の時間を確保する

　限られた時間で成果を上げていくためには、やらなくてよいことを見極めたり、周囲に仕事を頼んだりして自分の時間を確保することも大切です。時には、仕事の意味や目的、背景を考えて効率化することも必要でしょう。

　自分の仕事を一覧化し、自動化できるものや、誰かに頼めるもの、場合によっては外注できるものなども考えてみましょう。自分の仕事を精査していくことは、生産性を上げる上で非常に重要です。

　仕事の効率化を考える時には「ECRS（イクルス）」という視点が役に立ちます。

Eliminate（排除）：その仕事をなくせないか？

Combine（結合）：他の仕事と一緒にできないか？

Rearrange（交換）：順番を入れ替えられないか？

Simplify（簡素化）：もっとシンプル・簡易にできないか？

　仕事を **E** から **S** の視点で見直していくことで、業務の生産性を上げることができます。特に **C** と **R** については、他チームや部門なども含めて広い視野で考えて提案してみると、会社全体の生産性に寄与できるでしょう。

44

納期と業務スケジュールの立て方

- ✔ 納期を守ることが信頼と貢献につながる
- ✔ 業務の必要時間を見積もり、スケジュールに落とし込む
- ✔ 常に1週間先を見て、スケジュールを管理する

1 最も大事なのは納期を守ること

　仕事には、納期（納入期限の略）があります。限られた時間で成果を出すことが仕事の鉄則です。「忙しくてできなかった」という言い訳は、能力不足をさらけ出すことです。納期どおりに、求められる品質で仕事を完成させることが社会人として求められる"責任"と認識しましょう。

　納期を守るために最も重要なことは、スケジューリングです。手帳やカレンダーを利用して、常に1週間先を見て、やるべきことを管理して、着実に進めていきましょう。トヨタ自動車の現場では「後工程はお客さま」という言葉が使われます。たとえ、社内であっても後工程を"自分の顧客"と考え、お客さまに接するのと同じように、後工程のやりやすさを考え、また、納期を守って仕事を渡すべきという意味です。誰かが納期を遵守しないと、後工程にも遅れが生じ、お客さまをはじめ多くの関係者に迷惑をかけることとなり、ひいては自身のみならず、会社自体の信用・信頼も失ってしまいます。

2 スケジューリングの仕方──5ステップ

　スケジューリングの仕方には、ポイントがあります。スケジューリングというと「誰かとの予定」などを管理するものと思っている人もいますが、それだけではありません。仕事におけるスケジューリングは、自分の時間とタスクのすべてを管理することです。納期を守り、成果を上

げるための基本となりますので、スケジューリング能力を高めましょ
う。

〈スケジューリングの 5 ステップ〉

① **仕事（タスク）を一覧化する**：自分の仕事（タスク）を「報連相」ま
で含めて、できるだけ細かく書き出して一覧にする。

② **各仕事に要する時間を見積もる**：各仕事をイメージしながら、大まか
な所要時間を想定する。

③ **各仕事の優先順位を付ける**：それぞれの仕事を行う順番を決めるため
に、優先順位を付ける（ 43 参照）。優先順位は、「緊急度（納期）」と
同時に、「重要度」も含めて判断する。

④ **週単位で仕事を割り振る**：作業時間が大きな仕事や重要度が高い仕事
を中心に、何月の第何週に行うのかを決める。

⑤ **日次のスケジュールに落とし込む**：細かな仕事も含めて、それぞれの
仕事を行う具体的な日時を決めてスケジュールに落とし込む。スケ
ジュールには 1 日 30 〜 60 分程度の余白を持たせておくと、突発的な
依頼への対応をスムーズに行え、予定のずれも吸収しやすくなる。

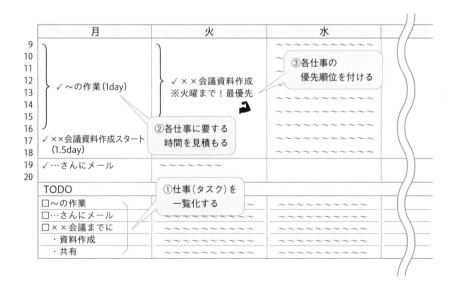

45

仕事が遅れそうなときの対応

- ✓ まずは上司に状況を報告し、対応方法を相談する
- ✓ 普段から周囲のサポートをしていると、自分も助けてもらいやすい
- ✓ 自身の工夫や生産性の向上で効率的に仕事を進め、残業を減らす

1 納期に間に合わない可能性があるとき

いくらスケジューリングが完璧でも、思いがけないトラブル等によって、納期に間に合わなくなりそうなこともあるでしょう。もちろん、そうした事態を招かないように、スケジュールを前倒しで組むといった工夫も大切です。納期に間に合わない可能性が出てきた時は、上司に状況を報告し、相談しましょう。

大切なことは、なるべく早く報告することです。上司も、納期の1週間前に相談されれば何とかできても、納期の前日に相談されてはどうしようもありません。そして、同じことを繰り返さないために、なぜそのようなことが起きてしまったのかミスの原因を明らかにし、振り返りをすることで、次に生かしていきましょう。

2 困ったときの仕事の頼み方

誰かに仕事を手伝ってもらう際、グループウエア等のカレンダーが共有されていれば確認して、相手が仕事を依頼できるような状況かどうかを確認しましょう。実際に仕事を頼む際には、直接本人に伝える前に、相手の上司に許可を取るようにしましょう。また、スムーズに依頼できるように、依頼する業務に関する納期や内容などもまとめておきます。

仕事の依頼を相手が気持ちよく受け入れてくれるかどうかは、普段のあなたの行動や態度によって決まります。日頃から周囲との人間関係を

良好に保ち、自分から積極的に周囲のサポートをしていると、自分が困って周囲に依頼した時も快く受け入れてもらいやすいでしょう。また、周囲の人の予定を確認する癖をつけておくと、誰が今何に注力しているか、忙しい時期なのかなどを把握できるのでお勧めです。

3 効率的な仕事の進め方

社会人の仕事は「時間」で管理される側面もありますが、同時に「成果」で測られるものだと捉えておきましょう。業務を遂行するには通常の勤務時間だけでは終わらず、残業することもあるでしょう。繁忙期などは仕方ない一面があるかもしれませんが、残業は自分に負荷がかかるだけでなく、割増賃金を支払う会社にとっても負担となります。恒常的に残業が続く状況は健全とはいえません。

残業を減らす効率的な仕事の進め方を身に付けて、ワーク・ライフ・バランスを保ちながら成果を上げられるようにしましょう。

効率的に仕事を進めるポイント

- タスクを管理して、適切な優先順位をつける
- 無駄な作業を減らす
- ゴールイメージや作業手順を明確にしてから仕事に取り組む
- 時間を区切って取り組むなど、集中力が高まる工夫をする
- マニュアルをつくって作業を標準化する
- パソコンのショートカットキーなど効率が上がるノウハウを身に付ける

多くの仕事を抱えていても必ず納期を守り、定時できっちり仕事を終えているような上司や先輩がいれば、コツを聞いて、自分でも実践してみましょう。

46

整理整頓

- ✅ 整理整頓をすると生産性が上がり、仕事の品質が向上する
- ✅ 「5S」を徹底する
- ✅ 机だけでなく、パソコンのデスクトップも整理整頓する

1 5S とは何か

　気持ちよく仕事をするには整理整頓が重要です。整理整頓をすると、生産性が上がるだけでなく作業全体がスムーズに進むようになるので、仕事の品質も向上します。

　整理整頓は、誰もが取り組むべき「5S」に含まれます。5S とは、「整理」「整頓」「清掃」「清潔」「しつけ」の頭文字の S を取ったもので、それぞれ下記のような意味です。

- 整理：不要なものを処分する
- 整頓：必要なものを定位置や使いやすい場所に設置する
- 清掃：きれいに掃除して、点検を行う
- 清潔：整理・整頓・清掃した状態を維持する
- しつけ：上記の4点を習慣化する

　最初の「整理」「整頓」「清掃」をセットで 3S として取り組む場合もあります。一見すると、工場などの製造業に限った話と思うかもしれませんが、すべての会社・職場・個人において徹底されるべき基本的なことです。逆の状態を考えてみれば分かるでしょう。「もう使わない古い書類がフォルダに入ったままでいる」「必要な資料がどこにあるか分からない」「使おうと思ったら文房具がなかった」といった状態で、生産性の高い仕事ができるわけがありません。

2 デスクトップも整理整頓する

　3S や 5S の概念は、現実の「物」以外にも当てはまります。パソコン
を使って仕事をしているときの「デスクトップがアイコンだらけになっ
ている」「メールソフトに未読メールがたまっている」「"下書き"状態の
メールが何通もある」といった状態は、机の上や頭の中が散らかってい
るのと同じことです。

　個人情報や会社の機密情報が含まれたファイルがデスクトップ上で簡
単に開ける状態になっていることは、セキュリティ面でも問題です。会
社によって、情報の取り扱いルールは異なりますが、個人情報や重要情
報を含むファイルはサーバー上などに保管し、個人のパソコンには残さ
ないことが望ましいです。

　パソコンのデスクトップやメールを整理するには、幾つかコツがあり
ます。

〈デスクトップを整理するコツ〉

- カテゴリーやプロジェクトごとにフォルダを作成し、ファイルを
  まとめる・仕掛かり中の仕事だけをデスクトップで管理する
- フォルダやアイコンの並び替え機能を使い、自動整列させる
- 定期的に整理して、不要なものは「ゴミ箱」に入れる
- 「ゴミ箱」は定期的に空にする

〈メールを整理するコツ〉

- 原則として未読メールを残さない
- 不要なメールは受信しないようにする
- フィルタ機能を使って、カテゴリー別にフォルダに振り分ける
- スター（目印）やブックマークなどを使って対応が必要なメール
  を管理する
- 下書きフォルダに不要なメールをためない

第 **11** 章

休暇と自己管理

47

有給休暇と体調管理

- ☑ 有給休暇を利用する際は、早めに上司に話して申請を出す
- ☑ 仕事は長期戦なので無理をし過ぎない
- ☑ 心の健康状態にも気を配る

1 有給休暇とは？

　年次有給休暇（以下、有給休暇）とは、名前のとおり「有給」で休むことができる休暇です。有給休暇には付与条件があり、通常の労働者の場合、法定では入社半年で10日が付与されます。現在、企業は年10日以上の有給休暇が付与される労働者に年5日以上の有給休暇を取得させる義務があります。有給休暇について詳細が気になる方は、会社の就業規則もしくは厚生労働省のホームページ等で確認してみてください。

　有給休暇の取得は労働者の権利であり、理由を問わず自由に取得できます。ただし、職場での信頼関係を維持する上で顧客や周囲に迷惑をかけることがないように、きちんと段取りをして休むことが大切です。緊急の用事や体調不良で急きょ休む場合は仕方がないですが、日程が決まっている用事で休む場合は、早めに上司に話をして、休暇を申請した上で、自分が不在でも仕事が回るように周囲に情報を共有したり、対応を依頼したりしておきましょう。周囲に依頼しやすいよう自分の業務を普段からマニュアル化しておけば、休みが取りやすくなるだけでなく、生産性の向上にもつながります。

2 体調管理とストレス対処法

　仕事は長期戦なので無理し過ぎないことも大切です。体調が悪ければ、気分がイライラしたり、集中力に欠けたりして、仕事のパフォーマンスも低下します。体調管理も仕事の一つだと考えましょう。

　普段から自分の健康状態に気を配り、体調が良くないと感じたら栄養があるものを食べる、早めに休むなどして、悪化しないうちに回復させましょう。また、生活習慣を見直したり、早い段階で病院を受診するなどして、自分の身体を大切にすることも重要です。健康があってこその人生であり、仕事です。

　仕事をしていると、どんな人でもストレスを感じることはあるでしょう。ストレスを抱え込み過ぎて体調が悪化しないよう、普段から周囲に相談できる人間関係を築いたり、睡眠時間を十分に取ったりするなど、身体だけでなく心の健康状態にも気を配りましょう。

体調変化のチェックポイントとセルフケアの方法

以下のような兆候があるときは、身体や心が疲れているかもしれません。きちんと休養し、セルフケアを心掛けましょう。

【チェックポイント】

□気分が落ち込む

□イライラする

□やる気が出ない

□集中できない

□疲れやすい、肩こりや頭痛がひどい

□なかなか寝付けない　　　など

【セルフケアの方法】

• 十分な睡眠を取る

• 身体を動かす（体操、散歩、スポーツなど）

• ゆっくりと呼吸する

• 気持ちを書き出してみる

• ぬるめのお風呂にゆっくり浸かる

• 太陽の光を浴びる、自然に触れる

• 仕事から離れた趣味を楽しむ　　　など

48

仕事の引き継ぎ（受け方／引き渡し方）

- ✅ 引き継ぎを受ける際は、仕事の流れを「頭の中で描ける」まで確認する
- ✅ 引き継いだお客さまへの連絡漏れがないようにする
- ✅ 普段から自分の業務を整理しておく

1 仕事の引き継ぎを受ける際のポイント

　自分が誰かから仕事の引き継ぎを受ける場合、説明を聞いて分からない点はその場で確認しましょう。仮にマニュアルがあったとしても、マニュアルに書かれていない、前任者が無意識に行っていることもあります。説明を聞くだけでなく、可能な限り実際にその業務を自分で行ってみて、確認してもらうようにしましょう。自分1人で業務を遂行する具体的なイメージを、頭の中で描けるようになることが目標です。

　また、各業務の手順だけでなく、「何のために」という目的や、「どうなればよいか」というゴール、対応に関する判断基準なども確認しておきましょう。手順を知っているだけだと、イレギュラーなことが起こった際に対応できませんし、効率化などを考える際にもポイントを誤ってしまいがちです。

　自分が営業担当者の場合、顧客を引き継ぐこともあるでしょう。その際に、顧客が継続的に取り引きすることを不安に思わないよう、前任者から顧客に関する必要な情報を得た上で、顧客への連絡を漏らさず行うようにしましょう。

2 自分の仕事を引き渡す際の準備とポイント

　自分が新しいポジションを任されたり、新たな仕事に取り組んだりする際、仕事の引き渡しが発生することもあるでしょう。人事異動が行われる時期に引き渡しが発生することが多いですが、休職や退職、新入社

員の入社に伴う引き継ぎもあります。自分が誰かに業務を引き渡すとき
にスムーズに行えるように、普段から自分の業務を整理しておきましょ
う。

　仕事の引き継ぎを受ける際のポイントでも記したとおり、仕事の手順
だけでなく、仕事の「目的・ゴール」、また、業務上の「課題・問題点」
があれば、それもしっかりと伝えましょう。そうすることで、後任者が
自走しやすくなったり、事前にトラブルを回避できたりします。

　新しい仕事を担当することになると、新たな業務や環境に関心が移り
がちです。後任者や関係者に迷惑がかからないように、最後まで責任感
を持って引き渡しましょう。

引き継ぎに当たり実施すべきこと

① 日、週、月、年単位で自分の業務を書き出す
② 業務ごとに引き継ぎのスケジュールを考える
③ 優先順位の高い業務から引き継ぎ書を作成する
④ 引き継ぎ書を基に後任者に説明する
⑤ 後任者と一緒に作業しながら、業務遂行上のポイントを確認する

引き継ぎ書で明記すべき事項

- 業務の概要
- 業務のスケジュールと納期
- 注意点
- データ保管場所
- 他の業務との関係
- 仕掛かり業務の進行状況
- トラブルへの対応方法
- 関係者の連絡先

第 **12** 章

会社組織と
数字の基本

49

会社組織と役職

- ✔ 組織に所属するメリットと責任を理解する
- ✔ メリットを自覚しながら自己成長し、組織への貢献を目指す
- ✔ 役職の序列と役割を理解する

1 組織に所属するメリットとは？

　組織に所属するメリットとは何でしょうか。組織に所属しない働き方と比較することで、組織に所属するメリットが見えてきます。

① 会社の"看板"と"資産"を使ってビジネスができる

　会社がこれまで築いてきた知名度やブランド等の"看板"と、顧客基盤、顧客やパートナーとの信頼関係、さらには会社の費用や組織といった"資産"を使って仕事をすることができます。仮に組織に所属せず個人で仕事をする場合は、実績がないゼロの状態から顧客開拓をしたり、信頼関係を築いていったりしないといけません。

② 給与の支払いが安定している

　入社直後で会社に対して何の利益も生み出していない、むしろ教育や研修などで費用を発生させている状態でも、会社はあなたに給与を払います。また、成果を上げていないときでも会社の給与は保証されています。仮に個人で仕事をしていれば、売り上げを上げなければ、収入も得られなくなってしまいます。毎月、給与をもらえるということは組織に所属している大きなメリットです。

③ 異動や昇進などの成長機会がある

　組織には複数の部署があり、他部署に異動して新たな業務を経験したり、成果を出すことで昇進して部下や組織全体をマネジメントする機会が得られたりするなど、組織内でさまざまな経験を積む機会があります。最近では、社内公募制などを導入する会社も増えており、安

定した立場で新しい挑戦をする機会が得られるようになっています。

　組織に所属することは多くのメリットがある一方で、責任も発生します。あなたが何か不祥事を起こした場合には会社の評判を落とすこととなり、会社全体の不利益となります。また、組織にぶら下がる存在になってしまえば、人件費に見合った価値を生み出せていないとして厳しい評価をされることもあるでしょう。組織に属するメリットを自覚しながら、自己成長し、組織に貢献できるようになりましょう。組織に貢献する能力を磨くことが、逆に、組織に縛られない自分自身のキャリアの安定にもつながります。

2　役職の序列と役割

　役職には序列があります。序列が高いほど権限や責任が大きくなります。以下に掲載する役職は一般的なものであり、会社ごとに呼び方が違う場合もあります。自社の役職名や序列・役割を理解しておきましょう。

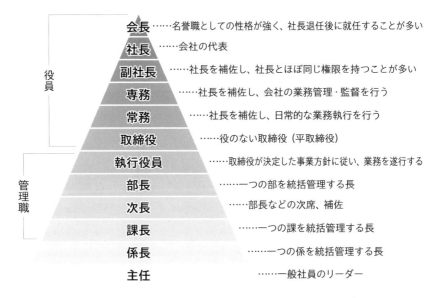

役員
- 会長……名誉職としての性格が強く、社長退任後に就任することが多い
- 社長……会社の代表
- 副社長……社長を補佐し、社長とほぼ同じ権限を持つことが多い
- 専務……社長を補佐し、会社の業務管理・監督を行う
- 常務……社長を補佐し、日常的な業務執行を行う
- 取締役……役のない取締役（平取締役）

管理職
- 執行役員……取締役が決定した事業方針に従い、業務を遂行する
- 部長……一つの部を統括管理する長
- 次長……部長などの次席、補佐
- 課長……一つの課を統括管理する長
- 係長……一つの係を統括管理する長
- 主任……一般社員のリーダー

［注］会社によって名称や呼び方が異なることがある。上司の呼び方（敬称）については **9** 参照

50

会社業績に関連する数字の基本

- ✔ 会社の数字が理解できると、一段上の視点で自社を把握できる
- ✔ 財務三表と呼ばれる PL、BS、CF の概要を押さえる
- ✔ 財務三表を詳しく理解するために決算書の入門書を読んでみよう

1 会社の数字を理解できる社員になろう

　一般社員として仕事をしていると、目の前の仕事や目標に忙殺されてしまいがちです。しかし、自分が所属している会社や事業を数字で理解できるようになると、一段も二段も視点が上がります。

　会社の数字は、主に損益計算書（PL）、貸借対照表（BS）、キャッシュ・フロー計算書（CF）という 3 点の資料（財務諸表）にまとめられています。財務諸表は、会社の財政状態や経営成績を表すもので、株式上場をしている会社にとっては、投資家が投資判断を行う上で重要な材料にもなります。損益計算書、貸借対照表、キャッシュ・フロー計算書の基本的な仕組みが分かると、自社や取引先の経営状態を知ることができます。また、自社の特徴を客観的な数字で捉えたり、俯瞰したりすることができるようになります。

2 PL、BS、CF とは

　日常の仕事と最も関係が深いのが PL（損益計算書）です。PL とは "Profit and Loss Statement" の略で、PL もしくは P/L と表記し、"ピーエル" と読むのが一般的です。PL は四半期や 1 年間の経営成績を表すものです。PL は、一番上に売上高があり、そこからさまざまな費用を引いていって、最後にいくら利益が残ったか（もしくは損失が出たか）が示されます。費用は、売上原価（製品を作ったり、サービスを提供したりするために直接的にかかった費用）と販管費（販売費及び一般管理費の

130

略。人件費や広告宣伝費、オフィスの家賃などの費用）に大きく分けられます。そして、売上高から売上原価を引いたものが粗利（売上総利益）、粗利から販管費を引いたものが営業利益と呼ばれます。自社や自分が所属している事業の売上高、粗利および粗利率、営業利益および営業利益率がどうなっているか、他の業界と比べてどんな特徴があるのかを考えてみましょう。

BS（貸借対照表）とは "Balance Sheet" の略で、BS もしくは B/S と表記し、"ビーエス" と読むのが一般的です。BS はある一定時点、例えば期末時点における会社の資産、負債、純資産（「資産」から「負債」を差し引いたもので、株主が出資してくれた資金やこれまで自社が稼いだ資金が該当する）を表します。

CF（キャッシュ・フロー計算書）とは "Cash Flow Statement" の略で、CF もしくは C/F と表記し、"シーエフ" と読むのが一般的です。CF は会社のお金の流れを表すもので、1 年間で会社の現金がどのような理由（＝営業活動、投資活動、財務活動）によって、どれくらい増減したかが分かります。

より詳しく知りたい方は、決算書の入門書を読むことをお勧めします。

損益計算書（PL）
Profit and Loss Statement

貸借対照表（BS）
Balance Sheet

51

キャリア

- ✓ キャリアは自分でつくる時代
- ✓ キャリアを切り拓くには、自己理解、目標設定、成長が重要
- ✓ 学びは日常にあふれている

1 キャリアの考え方

　"人生100年時代"ともいわれる現在、働く人、一人ひとりが自分の
キャリアを主体的に考える必要があります。会社内での出世もキャリア
をつくる一つの要素ですし、転職や独立、副業といった選択肢もありま
す。

　ここでのキャリアとは、仕事を通じて実現したいことや達成したい目
標を指します。当然、キャリアに対する考え方は個人によって異なりま
すが、自分のキャリアを切り拓く上では、以下の3点が特に重要です。

① **自己理解**：自分の強みや弱みが何か、将来どんな自分になりたいかを
　明確にするところからスタートします。周囲の人に、自分はどう映っ
　ているのか、直接聞いてみるのもよいでしょう。まだ仕事に慣れてい
　ない新入社員の時は、分からないことが多いものです。仕事を経験し
　ながら、考え続けていきましょう。

② **目標設定**：なりたい自分に向かって目標を設定します。5年先や10年
　先をいきなり考えるのが難しければ、まずは半年先・1年先の理想像
　を決めましょう。目標を達成するために、今の自分には何が足りてい
　ないのかを見極めて取り組みましょう（ 41 参照）。

③ **成長**：自分のキャリアを実現していくには、成果を上げるための知識
　やスキルが必要です。大切なことは、自ら学んでいく姿勢です。学ぶ
　ことで成長して、組織への貢献量が増え、社会で通用する力が身に付
　けば、キャリアの自由度は増していきます。何よりも成長しましょう。

　キャリアは自分でつくっていくものとはいえ、自分だけでキャリアを描くのは難しいと思ったら、人事部や信頼できる人に相談してみるとよいでしょう。自分にはなかった視点を得られるはずです。

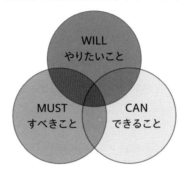

　上の図は、キャリアを考える上でよく用いられるものです。WILL は作りたいキャリア、CAN は成果を上げられる領域、MUST は組織や社会から求められている成果や業務です。「キャリアを実現する」とは、このそれぞれの円が重なる領域を増やしていくことです。前述の「自己理解」「目標設定」「成長」は、WILL を明確にしたり、CAN を大きくしたりするプロセスです。

2　日常から学びを得る

　成長するための学びは日常にあふれています。ニュースや書籍から学ぶことも大いにありますが、それだけでなく、例えば通勤中にも発見があるはずです。通勤途中で見かける開店した店・閉店した店、商品の陳列方法、目に入る広告の移り変わりや内容に目を向けるなど、「好奇心」と「問い」を大切にすることで思考力が上がります。

　日常で触れるさまざまな物事に対し、単に面白いと感じることで終わらせず、一歩踏み込んで「なぜこうなっているのだろう？」「なぜうまくいっているのだろう？」「もし自分が責任者だったらどうするか？」「自分の会社や業務に生かせないか？」と考える習慣を付けると、あなたの成長が加速していきます。

■会社プロフィール

株式会社ジェイック
1991年3月設立。東京証券取引所グロース市場（証券コード：7073）。
私たちは「採用と教育」両面のサービスを提供し、企業の成長と発展をサポートしています。
教育研修事業においては、デール・カーネギーの『人を動かす』や、世界的なベストセラーである『7つの習慣』等を基にした研修を通じ、若手・管理職のコミュニケーションやリーダーシップのリスキリングを行い、社会に良い職場・良い組織を増やすべく事業展開しています。
新人研修では、「仕事の基礎の基礎」と「新入社員研修PRO」の2種類を提供。上司や管理職、次期リーダー層向けには1年間の定期的な研修である「JAICリーダーカレッジ」を設け、組織の中心となるリーダーや管理職の育成に取り組んでいます。
また、グループ会社の株式会社Kakedasを通じ、キャリア相談サービス「Kakedas」も展開しています。そして、「HRドクター」というメディアを運営し、採用と教育のノウハウや組織づくりの事例などを発信しています。

株式会社ジェイック
https://www.jaic-g.com/

HRドクター
https://www.hr-doctor.com/

■執筆者プロフィール

近藤浩充（こんどう ひろみつ）

株式会社ジェイック 常務取締役

情報システム系の会社を経て、ジェイックに入社。若手求職者の傾向と企業の採用・育成課題の双方を知る立場から、若手求職者向け就活研修・企業向け教育研修を監修するほか、一般企業、公的機関、経営者クラブなどでリーダーシップについての講演も多数行っている。デール・カーネギー・コース認定トレーナー。

東宮美樹（とうみや みき）

株式会社ジェイック 取締役 兼 株式会社 Kakedas 取締役

ハウス食品株式会社などを経て、ジェイックに入社。新人〜次世代リーダー・管理職まで、「7つの習慣®研修」や「ストレングスファインダー®研修」をはじめ、コミュニケーション改善や主体性発揮、エンゲージメント強化の研修を得意とする。また自身の経験も踏まえた女性活躍やキャリア研修、イクボス育成などの研修も評価が高い。2023年芸術修士修了。

古庄 拓（ふるしょう たく）

株式会社ジェイック 取締役 兼 株式会社 Kakedas 取締役

新卒でジェイックに入社。WEB業界・経営コンサルティング業界の採用支援、自社採用、経営企画、社員研修の商品企画、採用後のオンボーディング支援、大学キャリアセンターとの連携、リーダー研修事業、新卒採用事業など複数のサービスや事業の立ち上げを担当。中堅中小・ベンチャー企業のための採用×教育チャンネル「HRドクター」編集長。

池本 駿（いけもと しゅん）

株式会社ジェイック マーケティング開発部 マネージャー

公益財団法人三菱経済研究所を経て、ジェイックに入社。マーケティング開発部にて、労働市場調査やアンケート設計・分析、広報活動、論文執筆、AI面接練習アプリ「steach」の開発などに従事。著書に『教育経済学の実証分析−小中学校の不登校・高校における中途退学の要因分析−』（三菱経済研究所）。経済産業大臣登録 中小企業診断士。

カバーデザイン／株式会社ローヤル企画
印刷・製本／株式会社加藤文明社

社会人が身に付けたい
ビジネスルールと仕事の基礎の基礎

2023年9月26日　初版発行

著　者　株式会社ジェイック
発行所　株式会社 労務行政
　　　　〒141-0031　東京都品川区西五反田3-6-21
　　　　　　　　　　住友不動産西五反田ビル3階
　　　　TEL：03-3491-1231
　　　　FAX：03-3491-1299
　　　　https://www.rosei.jp/

ISBN978-4-8452-3451-6